新闻发布会集

（2016 年度）

国务院台湾事务办公室

九州出版社 JIUZHOUPRESS ｜ 全国百佳图书出版单位

图书在版编目（CIP）数据

新闻发布会集.2016年度／国务院台湾事务办公室
编. --北京：九州出版社，2017.5
ISBN 978-7-5108-5480-4

Ⅰ.①新… Ⅱ.①国… Ⅲ.①台湾问题－新闻公报－
汇编-2016 Ⅳ.①D618

中国版本图书馆 CIP 数据核字（2017）第 146967 号

新闻发布会集（2016 年度）

作　　者	国务院台湾事务办公室　编
出版发行	九州出版社
地　　址	北京市西城区阜外大街甲 35 号（100037）
发行电话	（010）68992190/3/5/6
网　　址	www.jiuzhoupress.com
电子信箱	jiuzhou@jiuzhoupress.com
印　　刷	北京九州迅驰传媒文化有限公司
开　　本	680 毫米×960 毫米　　16 开
印　　张	12.25
字　　数	98 千字
版　　次	2017 年 6 月第 1 版
印　　次	2017 年 6 月第 1 次印刷
书　　号	978-7-5108-5480-4
定　　价	36.00 元

目　　录

[发布时间] 2016 年 1 月 27 日

[发 布 人] 马晓光

[发布地点] 国务院台湾事务办公室新闻发布厅

国务院台湾事务办公室
新闻发布会

2016 年 1 月 27 日

1 月 27 日上午 10 时，国台办在新闻发布厅举行例行新闻发布会。发言人马晓光就近期两岸热点问题回答了记者提问。

马晓光：各位媒体朋友，大家上午好。今天的发布会现在开始。请大家提问。

中央电视台《海峡两岸》记者：2015 年已经过去了，两岸关系也发生了很多的大事，想请您评价一下 2015 年两岸关系的进展，也请您展望一下 2016 年两岸关系会往哪方面发展？

马晓光：2015 年，两岸关系稳步推进，取得新的重要进展。

一是两岸领导人实现了跨越 66 年时空的首次会面，两岸政治交往取得历史性突破，达到新高点。

二是双方两岸事务主管部门联系沟通机制有效运行，为推动两岸各领域交流合作发挥重要作用。

三是两会商签新协议，为两岸关系和平发展增添新成果。

四是两岸贸易投资平稳发展，经济合作持续深化。两岸贸易总额 1885.6 亿美元；大陆批准台资项目 2962 项，实际使用台资 15.4 亿美元；经大陆相关主管部门核准的赴台投资企业、项目 95 个，投资金额 4.36 亿美元。福建向金门地区供水工程正式开工。两岸在冷链物流、LED 照明、电子商务等产业合作方面取得新进展，中小企业合作稳步推进。大陆积极发挥市场作用，进一步推动台湾农渔产品进入大陆市场。扩大开放台湾居民在大陆申请设立个体工商户。设立 21 个海峡两岸青年创业基地和 1 个海峡两岸青年就业创业示范点，推动有条件的国企、民企和台企为台湾青年实习、就业提供岗位。

五是两岸人员往来稳步扩大，各领域交流继续保持良好势头。两岸人员往来总量 985.61 万人次，同比增加

4.73%。其中台湾居民来大陆 549.86 万人次，同比增加 2.47%。大陆居民赴台 435.75 万人次，同比增加 7.73%。预计全年大陆居民赴台旅游达到 340 万人次，再创历史新高。大陆仍是台湾第一大入境旅游市场。大陆实施台湾同胞来往大陆免签注和卡式台胞证。扩大开放赴台个人游城市和赴台游组团社。两岸定期客运航班总班次从每周 840 班增至 890 班。开通福建黄岐至台湾马祖海上直航航线。增设苏州为两岸通邮邮件封发局。进一步扩大开放陆生赴台就读"专升本"。继续促进有关省区市主要领导赴台交流，为两岸文化、艺术、教育、民俗、基层和青少年交流不断搭建新平台。

六是两岸同胞以各自方式纪念中国人民抗日战争胜利暨台湾光复 70 周年，回顾历史，缅怀先烈，更加深刻体会到大陆和台湾是不可分割的命运共同体。两岸有关方面加强沟通协调，共同打击犯罪，处理两岸企业权益纠纷和涉及两岸民众的重大突发事件，努力维护两岸同胞权益，维护两岸交流往来的健康秩序。

马晓光：2015 年两岸关系取得的新成果，充分说明两岸关系和平发展是一条互利合作、造福两岸同胞的正确道路，充分说明坚持"九二共识"、反对"台独"是维护台海和平、推进两岸关系改善与发展的"定海神针"。

马晓光：当前，尽管台湾岛内局势出现重大变化，但大陆和台湾同属一个中国的法理和现实没有改变，也不可能改变。在维护国家主权和领土完整的重大原则问题上，我们的意志坚如磐石，态度始终如一。在新的一年里，我们将继续贯彻中央对台大政方针，坚持"九二共识"，坚决反对任何形式的"台独"分裂活动，与两岸同胞一道，维护两岸共同政治基础，维护台海和平稳定，维护两岸同胞根本利益，维护两岸关系和平发展进程。

中国国际广播电台记者：国台办主任张志军日前会见了美国常务副国务卿布林肯，请发言人介绍一下相关情况。

马晓光：1月21日，张志军主任在京会见美国常务副国务卿布林肯，应询介绍了当前台海局势和两岸关系。张主任表示，近8年来，两岸双方在坚持"九二共识"、反对"台独"的政治基础上，开辟了两岸关系和平发展道路，保持了台海和平稳定。这一良好局面需要倍加珍惜。我们的对台大政方针是一贯的、明确的，不因台湾地区的选举结果而改变。我们将继续坚持"九二共识"，坚决反对任何形式的"台独"分裂活动，坚定维护国家主权和领土完整。张主任强调，当前岛内局势变化给两岸关系发展带来不确定性，台海和平稳定面临挑战。美方应继续恪守一个中国政策和中美三个联合公报原则，切实尊重中方重大关切，妥善处理涉台问题。

福建东南卫视记者：据报道，台湾经济主管部门负责人日前曾表示，两岸货贸协议协商谈判将暂停，请问大陆方面对此持何态度？

马晓光：自2011年3月起，两岸商谈团队就两岸货物贸易协议已经举行了12次业务沟通。在这个过程中，大陆方面本着互利双赢的原则，为增进两岸同胞利益善尽了积极努力。至于下一步商谈事宜，取决于双方沟通情况和两岸关系形势。

福建厦门卫视记者：台湾民进党团总召集人柯建铭日前表示，民进党主张两岸服务贸易协议应重启谈判，请问国台办对此做何评论？

马晓光：我们首先考虑的是，两会受权协商的政治基础和所达成协议的权威性应该得到维护。

台湾东森电视台记者：有传言说大陆可能会紧缩赴台游的配额，请问这个限制令是不是真的？

马晓光：首先我要澄清的是，大陆有关方面从未对大陆居民赴台旅游设定配额，配额是台湾单方面的做法。

我们希望赴台旅游健康有序的发展环境得到维护，大陆游客的权益得到重视和保障。至于赴台游的人数变化，是市场行为，取决于旅行社和游客的意愿。下一步，我们将根据两岸关系形势和两岸旅游市场需求等情况，视情处理有关事宜。

福建《海峡导报》记者：近期有数十万的大陆网友通过脸书表达自己的立场，让两岸网民之间的"表情包"大战成为热门话题，请问发言人您对这种另类的交流有什么样的看法？

马晓光：我也是从媒体上看到了这个消息。我认为，两岸青年人应该加强交流，在交流中增进彼此的沟通和理解，不断深化对两岸关系的正确认知，不断融洽两岸同胞的民族感情。

香港中评社记者：两个问题，第一个，蔡英文近期就1992年两会会谈做了一些表态，想请问发言人对此有何评论？第二个问题，大陆日前拟试点开放大陆居民经台湾桃园机场的中转业务，想请问发言人，目前"陆客中转"取得哪方面的具体进展？谢谢。

马晓光：第一个问题，1949年以来，海峡两岸虽然尚未统一，但大陆和台湾同属一个中国的事实从未改变，也不可能改变。"九二共识"是两岸关系和平发展的政治基础,其核心意涵是两岸同属一个中国。只有继续坚持和维护好共同的政治基础,两岸关系和平发展才能够行稳致远。

马晓光:关于开放实施"陆客中转"试点城市的问题,海协会和海基会正在就有关准备工作进行沟通,准备好了即可实施。

新华社记者:台湾地区领导人选举之后政局发生了一些新的变化,请问这会不会对新开通的两岸热线造成影响?国台办和台湾陆委会之间建立的沟通机制是不是会中断?

马晓光:我们曾经多次强调,两岸关系和平发展取得的成果都是建立在双方坚持"九二共识"、反对"台独"的共同政治基础之上的。维护好这个政治基础,两岸关系和平发展的成果,才能不得而复失。如果动摇了这个定海神针,两岸关系必然会受到冲击。谢谢。

台湾《联合报》记者:请教发言人两个问题,台湾领导人马英九最近有可能到太平岛,请问国台办对这个事情有什么看法?另外,上周台湾中南部出现寒害,目前两岸的虱目鱼契作情况如何?

马晓光:第一个问题,中国对南海诸岛拥有无可争辩的主权。维护国家主权和领土完整,维护中华民族的整体利益是两岸同胞的共同责任和义务。

马晓光：第二个问题，前几天，一场特大的极地寒流对海峡两岸的农渔业生产都造成了影响和一定的损害，我们对此深表关注。

马晓光：近年来，我们一直在积极通过市场机制推动台湾农渔产品进口大陆，扩大受惠面。至于说虱目鱼的契作，据我了解是两岸民间企业在进行，你说的有关具体情况我现在还不掌握。

台湾《中国时报》记者："陆客中转"的问题。目前开放三个城市，下一波开放的城市会有哪几个？时间点是在什么时候？是不是大陆已同意将"陆客中转"与进一步便利两岸民众往来议题脱钩？再一个问题，亚投行已经正式上路了，台湾今年上半年有没有机会加入？如果未来没有机会加入，是不是与民进党不愿意承认"九二共识"有关系呢？

马晓光：首先，关于"陆客中转"，试点开放"陆客中转"是为了落实两岸领导人会面的成果，也是为了便利两岸民众往来，助益两岸航空产业发展。这次我们选择南昌、昆明和重庆3个城市，是因为它们都是大陆中西部地区出境旅游的热点城市。这是大陆有关业务主管部门在综合考虑各方因素后做出的决定。

马晓光：下一步是不是还要再进一步扩大开放，要视首批试点开放的运转情况，以及两岸关系发展的大环境再行确定。

马晓光：最后，我想指出，"继续磋商开通其他更便捷的新航路"，本来就是《海峡两岸空运补充协议》中的既定内容，也是"陆客中转及便利两岸同胞往来"议题的完整内容，是降低两岸同胞往来成本、提升"陆客中转"的吸引力，以及突破运力瓶颈、规避安全风险的需要，是有道理的。希望双方相向而行，都能秉持积极开放的态度，为便利两岸民众往来采取实际措施。这是回答你的第一个问题。

马晓光：第二个问题，我们已经多次表示，欢迎台湾以适当方式参与亚投行，这一态度没有变化。我们相信，亚投行作为新成立的国际组织，会根据一个中国原则及亚投行有关章程规定，处理台湾加入亚投行的问题。

《中国日报》记者：在张志军主任会见美国副国务卿的同时，美国前副国务卿也到台湾与高层政治人物见面。有专家指出，蔡英文与美日高层频繁互动是希望把台湾问题国际化，减少经济、政治上与大陆的联系，请问国台办有什么样的回应？

马晓光：台湾问题是中美关系中最重要、最敏感的问题。我们希望美方恪守一个中国政策和中美三个联合公报原则，慎重妥善处理涉台问题，切实维护台海和平稳定。同时，我们也要强调指出，"台独"没有"国际空间"，试图通过损害两岸关系，来扩大所谓的"国际活动空间"，这种想法是不现实的，也是与国际社会奉行一个中国政策的大格局相违背的。

福建东南卫视记者：现在到 5 月 20 号蔡英文执政还有 3 个多月的时间，想问一下您，在这个过渡时期，是不是对她听其言、观其行？另外，如果蔡英文始终不承认"九二共识"，两岸的经贸关系是不是首当其冲会受到影响。

马晓光：20 多年来，两岸关系发展的历程已经充分证明，坚持"九二共识"、反对"台独"的共同政治基础，两岸关系的前景就是光明的；反之，两岸关系和平发展之舟就会遭遇惊涛骇浪，甚至彻底倾覆。这一点大家都非常清楚。

台湾《旺报》记者：请问从台湾地区领导人选举到今天，是否有启动两岸热线？第二个问题是关于南海，除了马英九可能明天会登上太平岛之外，请教国台办对蔡英文的南海主张有什么评价？第三个问题，台湾地区领导人选举后没几天，央视播出解放军在东南沿海的军事演习，隔两天又有一位解放军退役少将在媒体上发表文章说，被"台独"逼到墙角就只能"武统"。您认为这样的讯息和两岸和平发展这样的主张是不是有点相违背？

马晓光：关于热线的问题，坚持"九二共识"是双方两岸事务主管部门联系沟通机制得以建立的重要基础，也是这一机制正常运作的必要条件。两岸热线用于沟通两岸关系重大、紧急事项。经双方沟通均认为有必要时使用。到目前为止，我不掌握近期有安排使用过两岸热线。

马晓光：第二个问题，中国对南海诸岛拥有无可争辩的主权。两岸同属一个中国。两岸同胞有责任共同维护国家主权和领土完整，维护中华民族的整体利益和根本利益。

马晓光：第三个问题，国防部已经说明了相关情况。我还需要指出的是，两岸关系和平发展的基础是坚持"九二共识"、反对"台独"。有了这个基础，两岸关系和平发展的局面就能够维护，发展前景就会是光明的。如果破坏了这个基础，刚才我也讲到，两岸关系和平发展之舟就会遭遇惊涛骇浪，甚至彻底翻覆。

香港凤凰卫视记者：前不久公布了国台办副主任龚

清概被查，为什么会选在这样一个时间节点来公布这个消息？这会对两岸关系未来发展产生影响吗？

马晓光：显然你也注意到了媒体的一些报道，包括凤凰卫视的报道，应该可以解答你的疑问。我这里要说的是，龚清概涉嫌严重违纪，正在接受组织调查，中纪委网站已经发布了消息。中央台办坚决拥护中央决定，将引以为戒，高标准自律，扎实做好巡视整改，坚定不移地推进党风廉政建设和反腐败斗争。

马晓光：顺便发布一下，我办的巡视整改情况将于近日向社会大众公布，欢迎大家监督。

马晓光：发布会到此结束。谢谢大家光临。

[发布时间] 2016 年 2 月 24 日
[发 布 人] 安峰山
[发布地点] 国务院台湾事务办公室新闻发布厅

国务院台湾事务办公室
新闻发布会

2016 年 2 月 24 日

2 月 24 日上午 10 时，国台办在新闻发布厅举行例行新闻发布会。发言人安峰山就近期两岸热点问题回答了记者提问。

安峰山：各位记者朋友，大家上午好。欢迎大家出席今天上午国台办的例行新闻发布会。今天的发布会由我来主持。下面，我愿意回答大家的问题。

新华社记者：今年初台湾地区领导人选举之后，舆论都非常关注大陆与即将上台执政的民进党当局如何互动，想请问发言人基于目前的情况，"5·20"之后大陆对台政策会做出哪些调整？在"5·20"之前双方有没有可能进行沟通？沟通的前提条件是什么？

安峰山：我们对台大政方针是明确的、一贯的。我们将坚持"九二共识"、反对"台独"的共同政治基础，继续推进两岸关系和平发展，努力维护台海和平稳定。我们坚决反对任何形式的"台独"分裂活动，坚决维护国家主权与领土完整。"九二共识"是两岸关系和平发展的基石。如果没有"九二共识"这个定海神针，两岸和平发展之舟就会遭遇惊涛骇浪，甚至彻底倾覆。我们多次讲过，台湾不论哪个党派、团体，无论其过去主张过什么，只要承认"九二共识"的历史事实，认同两岸同属一中的核心意涵，我们都愿意同其交往。

福建厦门卫视记者：两岸事务主管部门已建立起常态化联系沟通机制，请问发言人在"5·20"之前国台办和台湾陆委会负责人是否有可能会面？

安峰山：2014 年 2 月，国台办与台湾方面陆委会在坚持"九二共识"、反对"台独"的政治基础上建立起联系沟通机制，为推动两岸各领域交流合作发挥了积极作用。两部门负责人会面是该机制的一个重要组成部分，双方在此前的多次会面中都强调，将在坚持"九二共识"的共同基础上，持续推动两岸各领域交流合作和两岸关系和平发展。至于两部门负责人再次会面事宜，目前双方都在积极进行评估并保持沟通。

中央电视台《海峡两岸》记者：国民党正在进行党主席补选作业，请问发言人对于此次国民党主席补选以及各位候选人有何评论？

安峰山：国民党党主席选举是国民党内部事务，我们不做评论。

安峰山：我们希望国共两党继续在坚持"九二共识"、反对"台独"的共同政治基础上，为维护和推进两岸关系和平发展、造福两岸同胞而共同努力。

台湾中天电视台记者：在台湾有民进党"立委"提案要废除悬挂在学校或机关的孙中山遗像，您认为这对两岸关系会有什么影响？

安峰山：我们注意到了相关报道。孙中山先生是中国近代民主革命的伟大先行者，一生追求国家统一和中华振兴，受到全体中华儿女的敬仰。民进党人士的这一举动，可谓"司马昭之心，路人皆知"。我们注意到台湾舆论也指出，这是"破坏台海和平稳定与两岸关系和平发展现状"和"去中国化"的又一举动，应引起两岸同胞高度警惕。

香港中评社记者：商务部部长高虎城 23 日表示，希望台湾方面让两岸服贸协议尽早生效，否则就不是起大早赶晚集的问题，恐怕连晚集都赶不上了，发言人对此有何看法？第二个问题，您如何看民进党近日提出的新版"两岸协议监督条例草案"？

安峰山：关于两岸服务贸易协议，我们已经多次表明了态度。两岸协商谈判的基础不能受到损害，两会受权协商和所签署协议的权威性应该得到维护。两岸服务贸易协议在台湾长期拖而不决，迟迟无法生效，这是不正常的，受损害最大的还是台湾业界和普通民众。

安峰山：第二个问题。大陆和台湾同属一个中国，两岸不是"国与国"的关系。我们已经多次表明，两岸协商谈判的基础不能受到损害，两会受权所签署协议的权威性应该得到维护。

中新社记者：李登辉在其新书中声称"钓鱼岛是日本的"，并大肆鼓吹"台独"，请问发言人对此有何评论？

安峰山：李登辉新书中充斥着赤裸裸的"台独"主张、卖国言行和殖民奴化心态，再次暴露了他顽固坚持"台独"的立场，与两岸同胞和中华民族为敌的本质，遭到了两岸同胞的强烈谴责。

安峰山：我想强调的是，1949 年以来中国的主权和领土完整从未分割，大陆和台湾同属一个中国的事实也从未改变。我们绝不允许"台独"分裂势力以任何名义、任何形式把台湾从中国分裂出去。

台湾《旺报》记者：我们注意到，蔡英文已经有一段时间没有公开否认"九二共识"，她也提出来要在现行的"宪政体制"下推动两岸关系。请问大陆方面会不会在这样的基础上对民共之间的交流开绿灯。第二个问题是，近期有报道说大陆方面禁止电视台、网站转播今年台湾"金马奖"还有香港"金像奖"实况，请予证实。

安峰山：第一个问题，我们已经多次明确表示，"九二共识"是两岸关系和平发展的基石，如果动摇了"九二共识"这一定海神针，两岸关系必将受到冲击。我们也多次表示，台湾不论哪个党派和团体，只要承认"九二共识"的历史事实，认同两岸同属一中的核心意涵，我们都愿意同其交往。

安峰山：第二个问题，我不了解有关具体情况。我想强调的是，大陆有关主管部门对于境外电视节目引进、播出都会依法依规处理。

福建海峡卫视记者：据台媒报道，近期大陆赴台游出现了申请不用排队，甚至配额用不完的现象。请予证实。另外，岛内的旅游业者忧心来台游人数持续不振，所以要求蔡英文履行承诺，请问发言人对此有何评论？

安峰山：赴台游人数的变化，是一个市场行为，主要取决于旅行社和游客的意愿。我们希望大陆赴台旅游健康有序的发展环境能够得到维护，大陆游客的正常权益能够得到重视和保障。下一步将根据两岸关系形势发展和两岸旅游市场需求变化来视情进行处理。

台湾TVBS记者："陆客中转"在2月1日正式实施，接下来会进一步开放其他城市吗？有没有时间表，怎么预估效益？

安峰山："陆客中转"从2月1日开始实施试点，到现在还不到一个月。下一步还是要看"陆客中转"试运行的实际情况以及两岸关系形势发展而定。

《人民政协报·两岸经合周刊》记者：从2008年开始启动两岸产业搭桥专案，有企业担心"5·20"以后两岸产业搭桥项目还会不会继续，请予说明。

安峰山：近年来，在两岸关系和平发展的背景下，两岸的相关机构每年都会举行两岸产业界的交流活动。至于下一步的安排，目前两岸有关方面正在就相关事宜保持联系。

福建东南卫视记者：请问国台办副主任陈元丰日前访台与未来国共交流有何关系？

安峰山：陈元丰副主任是利用春节这个时间，按照近几年惯例，到台湾去看望一些老朋友。至于国共交流问题，刚才我已经明确表示，我们希望国共两党继续在坚持"九二共识"、反对"台独"的共同政治基础上，为维护和推进两岸关系和平发展、造福两岸民众共同努力。

台湾《联合报》记者：您刚才提到"九二共识"是两岸的政治基础，请问"5·20"之前，大陆和民进党之间会不会透过第二管道进行沟通，让双方找到一个都可以接受的平衡点？

安峰山：我们对民进党的政策是一贯的、明确的。刚才我已经强调，坚持"九二共识"、反对"台独"是推进两岸关系和平发展的共同政治基础。台湾的任何党派和团体只要能够承认"九二共识"的历史事实，认同两岸同属一中的核心意涵，我们都愿意同其交往。

《人民日报》记者：请问大陆对两岸货贸协议后续谈判持何态度？

安峰山：在坚持"九二共识"的基础上，两岸商谈团队从2011年3月份起就货物贸易协议已进行了12轮业务沟通。至于下一步商谈事宜，目前双方正在沟通，近期会有结果。

台湾东森电视台记者：最近有台湾"立委"希望在一些国际场合把"中国大陆"改称"中华北京"，他说这样台湾就不会被"矮化"。大陆一直在推动两岸青年交流，有些台湾年轻人却走向比较"独"的状况，对此有什么看法？

安峰山：首先，我们反对"台独"分裂的立场是坚定不移的。对台湾的对外交往问题，对国际事务中的涉台问题，我们的立场是一贯的、明确的，就是按一个中国原则来处理。关于两岸青年交流的问题，因为多种原因，目前岛内一些民众，特别是青年一代，对大陆、对两岸关系可能会有一些模糊的认识，我们愿意用真诚、善意和亲情去拉近两岸的心理距离，实现心灵契合。我们也愿意加强两岸各领域交流，扩大两岸合作，通过深化两岸关系和平发展来增进两岸民众，特别是青年一代的相互了解和感情融和，深化他们对两岸关系的正确认知，融洽两岸一家亲的民族感情。

福建《海峡导报》记者：不久前国台办和国家开发银行签署了一个促进两岸经济发展的合作协议，请问这个协议对两岸经济发展，包括大陆台资企业的发展有哪些实质性帮助？

安峰山：国台办和国家开发银行2月5日在北京签

署了《促进两岸经济融合发展合作协议》。这是国台办与国开行的第三次合作，也是在新形势下助力两岸经贸合作的又一个有力的举措。我们相信，此举将为推动两岸金融交流合作，促进两岸经济融合发展发挥积极的作用。有关情况媒体已做了报道，建议您可以参考。

中国国际广播电台记者：新年伊始，台湾南部地区发生了地震，牵动着大陆民众的心，习近平总书记以及大陆社会各界都高度关注，想请您介绍一下大陆方面是如何向台湾岛内传送爱心的？

安峰山：2月6日凌晨台湾南部发生6.7级地震，造成重大人员伤亡和财产损失。习近平总书记、李克强总理发表讲话，向遇难同胞表达沉痛哀悼，向受伤同胞表示深切慰问，并表示愿提供各方面协助。

安峰山：大陆社会各界对此也都十分关注，纷纷表达慰问救助之意，并积极捐款援助。据初步统计，目前捐助总额已超过2000万元人民币。有关具体情况，前段时间两岸媒体都做了大量报道。

安峰山：天灾无情，同胞有爱。我们衷心祝愿受灾台湾同胞能够早日抚平震灾创伤，重建家园。

台湾中天电视台：有报道说，大陆在西沙的永兴岛部署战斗机，引起台湾担心，大陆会不会改变南海的整个军事平衡，请您对此做出回应。

安峰山：外交部此前已就相关问题表明了我们的严正立场。

安峰山：谢谢大家。今天的发布会到此结束，下次再见。

［发布时间］2016 年 3 月 30 日
［发 布 人］安峰山
［发布地点］国务院台湾事务办公室新闻发布厅

国务院台湾事务办公室
新闻发布会

2016 年 3 月 30 日

3 月 30 日上午 10 时，国台办在新闻发布厅举行例行新闻发布会。发言人安峰山就近期两岸热点问题回答了记者提问。

安峰山：各位记者朋友，大家上午好。感谢大家出席国台办的例行新闻发布会，今天的新闻发布会由我来主持。下面欢迎大家提问。

新华社记者：目前台湾有关方面正在审议"两岸协议监督条例草案"，有台湾舆论认为，如果这个"条例"通过的话，将是对大陆方面释放的善意，请问大陆方面对此持何种态度？

安峰山：我们已经多次表明，两岸协商谈判的基础不能受到损害，两会受权协商和所达成协议的权威性应该得到维护。凡是破坏两岸协商谈判基础，干扰和阻碍相关进程，为两岸关系发展人为设置障碍的行为，我们都反对。

中央电视台《海峡两岸》记者：想请问发言人，民进党赢得台湾地区 2016 选举胜利之后，目前国台办和台湾陆委会之间建立的沟通联系机制运转情况怎么样？

安峰山：2014 年，国台办与台湾陆委会在坚持"九二共识"的政治基础上，建立起包括两部门负责人会面在内的联系沟通机制，为推动两岸各领域交流合作发挥了积极作用，目前，建立在"九二共识"基础之上的这一机制仍在有效运作。

香港中评社记者：洪秀柱女士日前当选国民党主席，成为国民党百年史上的首位女主席，想请问发言人，大陆方面近期是否会邀请洪秀柱访问大陆？另外洪秀柱表示将会持续举办国共论坛，请问发言人今年会否举办国共论坛？国民党在未来两岸关系当中可以发挥什么样的作用？

安峰山：洪秀柱女士当选中国国民党主席当晚，习近平总书记向其发出贺电，洪秀柱主席随后复电。双方回顾了 2008 年以来两岸关系和平发展取得的成果，就继续秉持民族大义、坚持"九二共识"、巩固互信基础、加强交流互动、共同维护两岸关系和平稳定发展、增进两岸同胞福祉达成积极共识。

安峰山：至于未来两党平台运作及各层级交流互动的具体规划安排，双方会进一步沟通协商，积极推动，共同维护两岸关系和平发展与台海和平稳定。

台湾东森电视台记者：前一阵子台湾方面开放太平岛给外媒去采访。请问大陆方面有什么看法？

安峰山：我们在南海问题上的基本立场是明确的、一贯的。中国对南海诸岛及其附近海域拥有无可争辩的主权。两岸同属于一个中国，两岸同胞都有共同义务维护国家主权和领土完整、维护中华民族的整体利益和根本利益。

中新社记者：有台湾媒体报道，日前马英九在台湾"中华青年交流协会"二十周年庆致辞时，有国台办人员在场，有媒体猜测这将成为两岸交流新模式，请问发言人是这样吗？

安峰山：当时的实际情况是，在出席活动时，国台办的人员并没有与台湾方面的有关人员同时在场。我们对两岸交流活动的政策与相关做法没有任何改变。

福建《海峡导报》记者：想请问发言人，大陆方面接下来会有哪些举措能让台商和台资企业更好地参与到"十三五"规划的建设当中来，让两岸同胞共享"十三五"的发展机遇和红利？第二个问题，想请问发言人，第二十届"台交会"将于下个月在厦门举行，请发言人介绍一下本届"台交会"的特色和目前的筹备情况。

安峰山：关于第一个问题，"十三五"规划纲要明确了"十三五"时期大陆经济社会发展的指导思想、主要目标、发展理念和重大举措。未来五年，大陆会按照创新、协调、绿色、开放、共享的新发展理念，适应经济发展新常态，坚持发展为第一要务，在适度扩大总需求的同时，加快推进结构性改革，尤其是供给侧结构性改革，保持中高速增长，迈向中高端水平。在"十三五"规划当中，蕴藏着台湾方面可以利用的历史性机遇，两岸应该创新合作理念和方式，以互利共赢的方式来深化两岸经济合作，增进两岸同胞的利益和福祉。

安峰山：第二个问题，"台交会"已经举行了很多届，在推进两岸经济交流与合作方面发挥了积极作用。至于本届的具体情况，建议您向福建有关方面询问，或者通过"台交会"的官网进行查询。

中国国际广播电台记者：据报道，"时代力量党"日前提出了"公投法修正草案"，说要降低"公投"的提案门槛，请问发言人对此有何评论？

安峰山：我们注意到了相关的报道。该党的立场大家都很清楚。我们坚决反对任何势力借所谓"修法"，为"台独"分裂活动大开方便之门。对于台湾某些势力再三玩弄这种伎俩，破坏台海和平稳定、阻挠两岸关系发展，两岸同胞应该高度警惕。

台湾《旺报》记者：民进党主席蔡英文日前在接受台湾《中国时报》专访时提到，希望在"5·20"之前大陆方面可以再给多一点善意。请问大陆方面对此有何评论？第二个问题，最近台湾"法务部长"罗莹雪到大陆参访，我们比较关注双方有没有就台重大经济犯的遣返达成进一步的共识？

安峰山：第一个问题，国台办张志军主任日前在接受台湾记者采访的时候已经表明了我们的立场态度。张志军主任表示，大陆方面的善意已经讲得很清楚，对"九二共识"的坚持既是我们的原则，也是我们的善意。对"九二共识"的态度，以及如何来认定两岸关系的性质，这是是否有善意的试金石和标准。讲清楚两岸关系的性质，两岸关系的未来才能看得清楚。

安峰山：第二个问题，罗莹雪女士此次来访是在《海峡两岸共同打击犯罪及司法互助协议》框架下进行的业务交流。应最高人民检察院两岸司法互助协议联络人的邀请，罗女士以协议台方总顾问的名义，率团一行10人于3月28日至4月1日来北京、上海两地参访。期间，将与大陆方面警务司法主管部门、教研机构进行业务学术交流，并参访上海市自贸区、未成年人管教所等。两岸有关方面将就当前协议执行双方最关心的共同打击电信诈骗、毒品犯罪，以及大陆居民被骗财产返还等问题交换意见。

福建厦门卫视记者：根据台湾媒体的报道，台湾旅游业者预估今年大陆游客赴台旅游的观光收入将会首次出现负增长，您对未来大陆游客赴台旅游的发展有怎样的预期？第二个问题，福建自贸区已经挂牌将近一年。在未来一年，国台办是否会支持厦门自贸区出台更多的便利措施引进台湾食品或者其他产品？

安峰山：关于第一个问题，对大陆居民赴台旅游的问题，我们已经多次做过说明，表明了我们的立场和态度。

安峰山：关于第二个问题，我们历来支持福建和厦门的自贸区利用地缘优势来发展与台湾的经贸交流合作关系。

台湾 TVBS 电视台记者： 巴拿马运河扩建要在 6 月份竣工，巴拿马政府邀请两岸领导人出席，请问大陆方面对此持何态度？

安峰山： 外交部已就此表明了我们的立场。谢谢。

福建东南卫视记者： 在日前举行的博鳌亚洲论坛上，台湾两岸共同市场基金会荣誉董事长萧万长表示，政党轮替是台湾的常态，不能因此让两岸关系受到阻碍。您如何看待"5·20"后两岸的经贸合作前景？

安峰山： 李克强总理在博鳌会见萧万长先生的时候，已经表明了我们的立场态度。"九二共识"是两岸关系和平发展的基石。两岸和平发展的关键就在于承认"九二共识"的历史事实，认同两岸同属一中的核心意涵，只有坚持和维护好这个政治基础，两岸关系才能行稳致远。我们的对台大政方针是明确的、一贯的。我们将继续坚定地维护"九二共识"这一共同政治基础，反对"台独"分裂活动，继续推动两岸关系和平发展，继续促进两岸各领域交流往来，造福两岸民众。

中国台湾网记者： 丙申年清明公祭轩辕黄帝典礼即将举行，请发言人介绍一下有关情况。

安峰山： 丙申年清明公祭轩辕黄帝典礼将于 4 月 4

日清明节在陕西省黄陵县黄帝陵隆重举办。本次祭陵活动由国务院台湾事务办公室、国务院侨务办公室和陕西省人民政府共同主办，以"慎终追远、传承文明"为主旨，以公祭轩辕黄帝典礼及系列交流活动为载体，传承和弘扬中华优秀传统文化，激发中华儿女的民族自豪感，增强民族凝聚力。中国国民党原副主席詹春柏、新党主席郁慕明等台湾知名人士，以及台中、新北、南投等县市基层民众200多人将共同出席公祭典礼。

人民日报社记者：请问一下两岸货贸协议在"5·20"之前还有可能谈吗？如果民进党对"九二共识"的态度没有改变的话，"5·20"之后货贸协议还有机会再协商吗？

安峰山：我们此前已经介绍过，在"九二共识"的基础上，两会商谈团队已就货物贸易协议进行了十二轮的业务沟通并且取得了积极进展。在此进程中，大陆方面展现了我们最大的善意。至于下一步商谈，将取决于两岸关系形势发展和双方沟通情况。

《人民政协报·两岸经合周刊》记者：两岸各种制度化协商是在"九二共识"基础上进行的，如果"5·20"以后，台湾当局新领导人还不承认"九二共识"，两岸制度化协商必然受到影响？

安峰山："九二共识"是两岸关系和平发展的政治基础，只有承认"九二共识"这个历史事实，认同其核心意涵，两岸关系才能维持和平稳定发展。如果这个政治基础受到损害，两岸关系和平发展方方面面的成果都会受到影响。

香港《大公报》、大公网记者：如果台湾当局新当选的领导人在"5·20"的时候用她自己的方式表示认同两岸同属一中或者是两岸非"国与国的关系"，两岸领导人会面的模式还能否延续？

安峰山：去年两岸领导人会面的基础和内容，大家都清楚。"九二共识"是两岸关系和平发展的政治基础。只要承认"九二共识"的历史事实，认同两岸同属一中的核心意涵，台湾不论哪个党派和团体，无论其以前主张过什么，我们都愿意同其交往。

广东深圳卫视记者：台湾方面今天马英九和蔡英文举行闭门会谈。马英九的任期也快要结束，请问发言人对于马英九在职期间对于两岸关系的决策怎样评价？对马英九卸任之后，在两岸交往方面尤其是国共两党交往方面扮演的角色您有怎样的期待？

安峰山：对于台湾的内部事务，我不做评论。就两岸关系而言，2008 年以来，两岸双方和两岸同胞在坚持

"九二共识"的共同政治基础上，开创了两岸关系和平发展新局面，并且取得了一系列的重要成果，给两岸同胞带来了实实在在的利益。这一点是两岸民众都有目共睹的。

台湾东森电视台记者：前一阵台湾传出，台湾地区新任领导人蔡英文很有可能会任命前"立法院长"王金平担任海基会的董事长，您觉得绿营的领导人，启用蓝营人士来担任两岸目前的桥梁，这样的做法是有善意吗？

安峰山：对假设性的问题我不做回应。

中新社记者：据台湾媒体报道，近日有41名大陆渔民在东沙作业时被台湾执法人员扣留，请问国台办对此有何评论？

安峰山：海协会在得悉有关情况之后，立即启动了两会紧急联系机制，向海基会了解、核实情况，同时要求协调相关方面，妥善处理此次事件，保证上述渔民的生命和财产安全，尽速放人放船。

安峰山：谢谢大家，我们下次再见。

[发布时间] 2016 年 4 月 13 日
[发 布 人] 安峰山
[发布地点] 国务院台湾事务办公室新闻发布厅

国务院台湾事务办公室
新闻发布会

2016 年 4 月 13 日

4 月 13 日上午 10 时,国台办在新闻发布厅举行例行新闻发布会。发言人安峰山就近期两岸热点问题回答了记者提问。

《人民日报》记者:昨天国台办张志军主任和台湾陆委会主委夏立言通过两岸热线通话,请发言人具体介绍有关情况。

安峰山:4 月 12 日下午,国务院台湾事务办公室主任张志军应约同台湾方面陆委会主委夏立言通过两岸热线通话,双方就近期发生的包括台湾居民在内的一批犯罪嫌疑人因涉嫌电信诈骗被我公安部门抓获事宜进行沟通，并就两岸关系有关问题交换意见。

安峰山：张志军向夏立言介绍了事件背景及相关情况，表示近年来电信网络新型违法犯罪猖獗，台湾电信诈骗犯罪嫌疑人在境外设立窝点对大陆民众实施诈骗活动屡禁不止，愈演愈烈，致使大陆民众财产蒙受巨大损失，危害极其严重。对这些罪犯必须绳之以法，以切实维护广大民众特别是受害人的权益。大陆方面已将有关情况向台湾方面做了初步通报。

安峰山：张志军强调，当前两岸关系正处在重要节点，两岸同胞和国际社会高度关注两岸关系未来走向。大陆的对台大政方针没有改变。过去 8 年来，两岸关系之所以能够保持和平发展并取得积极成果，关键在于两岸双方均坚持体现一个中国原则的"九二共识"。这一共同政治基础是两岸现状的重要组成部分。否定这一政治基础，势必导致两岸关系现状的改变。希望台湾方面能珍惜和维护两岸关系和平发展的局面及成果，坚持"九二共识"，继续沿着两岸关系和平发展的道路走下去。

台湾东森电视台记者：关于台湾电信诈骗犯罪嫌疑人从肯尼亚被遣送至大陆一事，现在台湾对于此事非常关注，认为大陆的做法有可能会破坏"九二共识"，对此怎么看？大陆方面会开放对这些人的探视吗？

安峰山：我知道这个事情这两天是岛内媒体和社会舆论焦点，各方都非常关注。所以我想听一下大家关于此事还有哪些问题。

台湾中天电视台记者：现在是不是共有45个台湾嫌犯在大陆，之前台湾媒体报道已经有8人关在北京海淀看守所，昨天又遣返了37人过来，现在是不是45人都在北京？他们现在情况怎么样？请问是以什么样的罪名把他们遣返到大陆来，因为他们在肯尼亚已经获判无罪。现在台湾方面可以派员到大陆协商，大陆方面是否会接受？协商需要什么样的条件和前提？

香港中评社记者：马英九质疑大陆方面的做法不符合程序正义，希望尽速放人。也有绿营人士说，陆不把台湾放在眼里，对于以上言论发言人有何评论？请问大陆方面的做法是否符合相关国际法律和两岸司法互助协议？

《中国日报》记者：关于这个事件目前处理具体规划是什么？下一步有何安排？

中国网记者：两岸热线在处理两岸紧急事务中发挥了怎样的作用？两岸是否还有其他沟通机制应对类似事态的发生？

安峰山：今天上午，公安部已就从肯尼亚带回台湾电信诈骗犯罪嫌疑人一事发布了新闻稿。我想就此事再介绍些情况。

安峰山：第一，据向有关部门了解：2014 年 11 月 29 日，肯尼亚警方在当地一民居内发现大量涉嫌用于电信诈骗犯罪的电子通信设备，抓获 48 名大陆犯罪嫌疑人、28 名台湾犯罪嫌疑人，成功打掉一个电信诈骗犯罪团伙。该团伙在肯尼亚首都内罗毕设立诈骗窝点，向北京、江苏、湖南、四川等 9 省、直辖市拨打网络电话，冒充大陆公检法机关大肆实施诈骗，被骗群众 100 余人，涉案金额 600 多万元人民币。2016 年 4 月 8 日，该国警方又抓获涉嫌向中国大陆拨打电话实施诈骗的 19 名大陆犯罪嫌疑人、22 名台湾犯罪嫌疑人。肯尼亚执法部门经审查，决定将上述人员中的 77 名中国大陆和台湾犯罪嫌疑人遣返中国大陆。第一批 10 名犯罪嫌疑人已于 4 月 9 日被带回，第二批 67 名犯罪嫌疑人于 4 月 13 日上午被带回。两批嫌犯中台湾犯罪嫌疑人共计 45 名。

安峰山：第二，在本案中许多大陆民众深受其害。很多老人、教师、学生、农民工、下岗工人等被骗。有的退休老人辛苦劳作一辈子，一生积蓄被骗光，现身无分文，处境凄惨；有的东拼西凑给病人看病的"救命钱"被骗；有的年轻学生上大学的学费被骗。如吉林一名女士因丈夫的死亡抚恤金被骗走而跳楼自杀，一名雄姓菜农毕生积蓄被骗，在农业银行门口自杀身亡。有公权力机关也被诈骗，如2015年12月，某市经济开发区被台湾犯罪嫌疑人假冒公检法机关骗走棚户区改造款和农民工工资共计1亿多元，这是迄今为止大陆被骗金额最大的一笔。据初步统计，近年来，每年有上百亿元人民币的电信诈骗犯罪赃款被骗子从大陆卷到台湾，至今被追缴回来的只有20万元人民币。这些诈骗行为造成许多家庭倾家荡产，很多企业倒闭破产，给受害人身心造成极大伤害，有的甚至走上绝路。受害人对这些诈骗行为深恶痛绝。我希望台湾方面在看待此事时，多从受害人角度想想。

安峰山：第三，《海峡两岸共同打击犯罪及司法互助协议》签署以来，大陆公安机关与台湾警方紧密协作，持续打击跨国跨两岸电信诈骗犯罪，取得积极成果。但同时，也应看到一些不容忽视的问题：由于两岸对犯罪嫌疑人分开处理，很多作案累累的台湾电信诈骗犯罪嫌疑人未得到应有惩处，犯罪赃款也迟迟不能追缴。不少台湾犯罪嫌疑人刚被押解回台就被当即释放，有的过了不久，就再次在国外开设诈骗犯罪窝点，继续作案。这些情况使得以台湾犯罪嫌疑人为骨干的电信诈骗犯罪团伙屡禁不绝，给大陆民众造成巨额经济损失，受害群众的合法权益得不到有效保护，大陆民众对此表示极其不满，强烈要求严厉打击台湾诈骗犯罪分子，追回被骗的血汗钱。

安峰山：第四，由于这些不法分子在境外从事的犯罪行为，受害人全部为大陆居民，大陆当然有司法管辖权。况且有关国家是我建交国。为彻底查明全部案件事实，本着有利于侦查的原则，我司法部门将严格依法对台湾犯罪嫌疑人开展侦查调查工作，相关犯罪嫌疑人的合法权益会依法得到保障。

安峰山：第五，两岸有关方面已就此案进行了多轮沟通。4月12日下午，国务院台湾事务办公室张志军主任应约同台湾方面陆委会主委夏立言通了两岸热线通话，张志军主任向夏立言介绍了事件背景、相关情况及我们的态度。另外，大陆有关方面已将有关情况通过两岸共同打击犯罪和司法互助协议框架管道向台湾方面做了初步通报。今天上午第二批犯罪嫌疑人被带回，大陆有关方面也及时向台方做了通报。本案今后的进展情况也将及时向台方通报。同时，将邀请台湾警政司法部门来大陆研商共同打击跨国跨两岸电信诈骗犯罪，以进一步密切合作，切实保护两岸民众利益福祉。

安峰山：以上是本案的基本情况。我想，听了介绍之后，对本案中到底哪一方是受害者，哪一方是加害者应该十分清楚。我们将严格按照国家法律法规的有关规定办理此案，切实维护和保障人民群众的财产安全和合法权益。这是对人民负责的态度，也有利两岸关系和平发展和两岸民众安居乐业。

福建厦门卫视记者：日前有关是否取消或改变国共论坛形式与内容等问题引发国民党内部以及台湾社会舆论讨论，请问发言人，大陆方面对此持何态度？

安峰山：过去 10 年来，国共两党平台的运作及各个层级的交流互动，为推动两党关系和两岸关系和平发展发挥了积极和重要的作用。未来双方会进一步沟通协商，积极推动，不断改进，继续维护两岸关系和平发展和台海和平稳定。

中国国际广播电台记者：日前有舆论称，大陆方面一再强调"九二共识"，民进党既然无法回避，就应当争取以自己的方式诠释"九二共识"，或许可以打开"5·20"后两岸关系的僵局。请问发言人对此如何评价？

安峰山：我们已经说得很清楚了，"九二共识"的核心意涵是大陆和台湾同属一个中国，两岸不是"国与国的关系"，从而明确界定了两岸关系的性质。只要承认"九二共识"的历史事实，认同两岸同属一中的核心意涵，两岸双方就有了共同政治基础，就可以保持良性互动。

新华社记者：日前亚投行行长金立群指出，台湾要想加入亚投行需通过大陆申请。对此，台湾方面表示拒绝。台湾加入亚投行形同破局。对此国台办有何回应？

安峰山：我们已多次就台湾方面加入亚投行问题表明了我们的态度。相信亚投行会按照一个中国原则和亚投行的有关规定来处理台湾加入的问题。

台湾《旺报》记者：之前美国外交政策委员会发布报告，呼吁大陆不要以武力威胁解决台湾问题，提到会站在台湾这一方，请问发言人对此有何评价？另一方面，美国高官积极在两岸之间穿梭，有舆论认为是在传话，也有人认为是表达美国对两岸关系的担忧。请问国台办对此有何评价？

安峰山：对于智库的报告我不做评论。我想强调的是，"九二共识"是两岸关系和平发展的政治基础，只有坚持和维护好这个基础，两岸关系才可以行稳致远。

福建东南卫视记者：马英九4月9日登彭佳屿为东海和平立碑，请问发言人对此有何评价？致力于两岸民间交流的海峡论坛已经举办七届，今年是第八届，请问发言人有什么消息可以透露？

安峰山：您的第一个问题，关于钓鱼岛问题，我们已经多次表明了我们的立场和态度。钓鱼岛及其附属岛屿是中国固有领土。两岸同胞有责任共同维护国家主权和领土完整，维护中华民族的整体和根本利益。

安峰山：您的第二个问题，第八届海峡论坛将从6月11日开始在福建举办，为期一周。目前各项筹备工作进展顺利。本届论坛以"扩大民间交流、促进融合发展"为主题，突出青年和基层交流，安排了论坛大会、青年交流、基层交流、经贸交流这四大板块，有19项活动。本次论坛是由两岸的77家单位共同主办。在青年交流方面，本届论坛聚焦青年群体就业创业议题，设计了两岸青年创业创新大赛，新媒体的文创论坛、"益启跑"等活动，广泛邀请台湾青年参与。在基层交流方面，围绕着两岸共同关注的民生议题，安排了职工论坛、妇女论坛、特色庙会等活动。我们热忱欢迎台湾各界人士，特别是青年朋友和基层民众前来参加本届论坛活动。

香港中评社记者：大陆与台南学甲的虱目鱼5年契作期满，今年不再续约。想请问发言人，是否有政治因素的影响？大陆对于两岸经贸交流合作的态度是否会发生变化？

安峰山：相信大家也了解，台湾虱目鱼养殖协会的负责人日前曾经表示，因为受寒流影响，今年岛内鱼苗价格飙涨，以往契作的价格难以为继，因此台湾的契作方宣布今年停止虱目鱼的契作。同时对大陆有关方面为了改善学甲渔民的生活所做的努力表示感谢。我们将继续在互利互惠的基础上来推动两岸的农渔业合作。

《人民政协报·两岸经合周刊》记者： 台湾海基会董事长林中森原计划上周到大陆参访，但临时被台湾立法机构叫停。舆论认为，两岸制度化协商是两岸关系正常化的重要体现，林中森被取消到大陆参访，意味着两岸制度化协商可能生变。请问发言人对此做何评价？

安峰山： 2008年以来，海协会与台湾海基会在"九二共识"的基础上恢复了两会制度化协商和交流互访机制，为促进两岸关系和平发展发挥了重要作用。此次两会负责人原计划在厦门会面，就双方关心的问题交换意见，但因为台湾方面的原因，台湾海基会取消了这次来访。我们不希望两会正常的交流交往受到干扰。

福建《海峡导报》记者： 台湾立法机构日前初审删除了有关"不得擅自在护照封面加盖图戳"的条文，这意味着为所谓的"台湾国护照贴纸"开绿灯，想请问发言人对此有何看法？

安峰山： 我们早已表明，我们坚决反对任何形式的

"台独"分裂活动。

香港《大公报》、大公网记者：民进党日前通过了其党版的"两岸协议监督条例（草案）"内容，有分析认为"条例"以完善监督机制之名，行阻挠破坏两岸关系之实，绝非善意。请问发言人，如果该"条例"在台立法机构通过，是否意味着两岸两会的协商将中止？

安峰山：我们已经多次表明，两岸协商谈判的基础不能受到损害，两会受权协商及签署协议的权威性应该得到维护。凡是破坏两岸协商谈判基础、干扰协商谈判进程、为两岸关系和平发展人为设置障碍的行为，我们都坚决反对。

台湾《中国时报》记者：有消息说今年海峡论坛有意邀请国民党新任主席洪秀柱参加，发言人是否能证实这个消息？

安峰山：刚才我已经介绍了今年海峡论坛的基本情况。至于你提到的问题，这方面的具体事宜目前尚在规划和商议之中，确定后将及时对外发布。

台湾《旺报》记者：最近在台湾的热门社区网站脸书上，出现一些以台湾各县市名称发起的所谓"独立"社团运动，请问发言人对此有何评价？另外，最近民进党人士呼吁要"特赦"台湾前领导人陈水扁，对此有何评论？

安峰山：第一个问题，坚决反对任何形式的"台独"分裂活动是我们的坚定立场。至于岛内网民的一些举动，也从反面表明了"台独"的虚幻和不切实际。

安峰山：第二个问题，我们对台湾的内部事务不做评论。

台湾中天电视台记者：被遣送到大陆的这45个台湾人，家属能否探视？大陆接受不接受台湾方面的协商？

安峰山：刚才在介绍情况的时候我已经表示，大陆方面欢迎台湾方面派人来，双方在两岸共同打击犯罪协议框架下进行沟通和协商。有关具体事宜双方正在沟通。至于家属探视问题，我们会按照有关规程办理。

中新社记者：日前马英九与蔡英文会面，据称过程中未涉及两岸关系。民进党临时全代会也出现类似情况。有台湾学者认为，民进党对两岸关系采取回避态度，以拖待变，无法促成两岸关系良性互动。请问发言人对此有何评论？

安峰山：我们在两岸关系问题上的立场和态度是明确的，也是一贯的。"九二共识"是两岸关系发展的基石，只有坚持和维护好这一共同政治基础，两岸关系才能够行稳致远。

安峰山：今天的发布会到此结束，我们下次再会！

[发布时间] 2016 年 4 月 27 日
[发 布 人] 安峰山
[发布地点] 国务院台湾事务办公室新闻发布厅

国务院台湾事务办公室
新闻发布会

2016 年 4 月 27 日

4 月 27 日上午 10 时，国台办在新闻发布厅举行例行新闻发布会。发言人安峰山就近期两岸热点问题回答了记者提问。

新华社记者： 再过两天，也就是 4 月 29 日，既是国共两党领导人共同发布"两岸和平发展共同愿景"11 周年纪念日，也是汪辜会谈双方签署有关协议 23 周年纪念日。请问，在当前形势下，这对未来发展两岸关系有何启示？

安峰山： 23 年前，在"九二共识"基础上举行的汪辜会谈，开创了两岸制度化协商机制，标志着两岸关系迈出了历史性的重要一步。实践证明，要保持两岸关系和平发展方向和良好势头，关键是要巩固反对"台独"、坚持"九二共识"的共同政治基础。有了这个基础，两岸关系就能继续向前发展，两岸民众的权益与福祉就能得到维护和增进。如果这个基础遭到破坏，两岸关系就会重回动荡不安的老路，和平发展成果就会得而复失。

安峰山：11 年前，在两岸关系面临道路选择的重要时刻，国共两党领导人于 2005 年 4 月 29 日举行历史性会谈，共同发布"两岸和平发展共同愿景"，为两岸关系指出一条光明大道。2008 年以来，在坚持"九二共识"、反对"台独"的共同政治基础上，国共两党、两岸双方与两岸同胞一道，推动落实"共同愿景"，两岸关系和平发展取得丰硕成果。这一局面来之不易，需要倍加珍惜。当前两岸关系再次来到方向和道路选择的重要关口，我们希望继续坚持共同政治基础，保持两岸关系和平发展正确方向和良好势头，维护好两岸民众利益和福祉。

中央人民广播电台记者：请问发言人，如果说没有"九二共识"这个政治基础，像是国台办与台湾陆委会的联系沟通机制，以及海协会和海基会的两会商谈机制是否会中断运行？

安峰山：2008 年 5 月 26 日，海基会给海协会发来电函，表明愿意在"九二共识"的基础上尽快恢复两会的商谈。5 月 29 日，海协会复函海基会，表明愿意在"九二共识"的基础上恢复会谈。双方在 6 月 12 日，恢复了中断将近十年的两会商谈，第二天签署了两岸协议。8 年来，两会进行了 11 轮商谈，签署了 23 项协议，为推动两岸关系和平发展和增进两岸同胞的利益福祉发挥了重要作用。

安峰山：2014 年，国台办与台湾陆委会在坚持"九二共识"的共同政治基础上建立起常态化联系沟通机制，妥善处理了两岸关系中的一些重大敏感问题，为维护两岸关系和平发展和推进两岸各领域交流合作发挥了积极作用。

安峰山：由此可见，国台办与台湾陆委会之所以能建立起联系沟通机制，两会之所以能恢复商谈、签署协议，是建立在双方均坚持"九二共识"这个共同政治基础之上的。可以说，"九二共识"既是两岸关系和平发展的基石，也是两岸关系现状的重要组成部分。如果否定这一政治基础，势必导致两岸关系现状的改变。只有继续维护好"九二共识"这一重要基础，才能维护好两岸关系和平发展的局面和良好势头。

福建海峡卫视记者：民进党目前正在推动审查"促进转型正义条例草案"，想请问发言人对此有何评论？

安峰山：此事已经引起了各方的高度关注和警惕。我们注意到，台湾舆论认为，这样做的目的是，要借此进行更深入的"去中国化"与"'台独'化"。在这个问题上，我们的立场是一贯的、明确的，我们坚决反对任何形式的"台独"分裂活动。

台湾中天电视台记者：蔡英文今天上午在台湾陆委会听取简报，我想请问大陆方面有没有什么样的讯息希望在这个时候传达给她？

安峰山：国台办与台湾陆委会是在坚持"九二共识"的政治基础上建立起了常态化的联系沟通机制，两部门负责人实现会面互访。"九二共识"是两部门联系沟通机制得以建立的重要基础，也是这一机制能够正常运转的必要条件。

福建《海峡导报》记者：4月25日下午在台湾发生了一起大陆旅游团游览车翻覆的意外，受到了两岸民众的关切。想请发言人为我们说明一下这起事故的有关情况。

安峰山：4月25日，一辆载有26名大陆游客的游览车，在台湾苗栗县境内发生了撞车事故，造成台湾司机的不幸身亡，台湾导游重伤，大陆的 26 名游客也不同程度受伤。我们对遇难的台湾司机表示哀悼，对受伤的大陆游客和台湾导游表示慰问，也祝他们能够早日康复。在得知事故的消息之后，国家旅游局已经通过两岸旅游小两会渠道与台湾方面保持联系，做好相关善后工作。

中国国际广播电台记者：两岸联合编纂的《中华语文大辞典》在日前正式出版了，想请发言人介绍一下详细的情况。您如何评价？对于未来两岸在相关领域的这种交流合作，您有何预期？

安峰山：两岸合作编纂中华语文工具书于 2010 年初启动，由大陆编委会与台湾方面"中华文化总会"分别牵头。《中华语文大辞典》是重要成果之一，台湾版已于日前正式出版，大陆版的电子版将于今年 7 月发布，其纸质版将于 2018 年出版发行。此外，两岸还共同建设、开通了"中华语文知识库"网站，出版了《两岸常用词典》等系列成果，连续举办多届两岸大学生汉字书法艺术交流夏令营等活动。

安峰山：两岸合作编纂中华语文工具书是两岸共同传承和弘扬中华语言文字的良好开端，目前已基本形成交流合作机制。我们希望双方持续推进这项工作，取得更多成果。我们将为推动和深化两岸语言文字交流合作、促进两岸同胞沟通交流、传承弘扬中华文化，创造良好条件，提供积极帮助。

中央电视台《海峡两岸》记者：今天台湾立法机构正在审议"公投法修订草案"，有舆论认为，此举可能会为"台独"势力推动"公投""制宪"提供法理依据，请问您怎么看？

安峰山：世界上只有一个中国，大陆和台湾同属一个中国，中国的主权和领土完整不容分割。我们坚决反对任何形式的"台独"分裂活动，反对"台独"势力以任何名义、任何方式，包括以所谓的"公投""制宪""修宪"等方式把台湾从中国分裂出去。

台湾 TVBS 电视台记者：近期是否还有台湾电信诈骗犯要自其他国引渡到大陆？

安峰山：我不太了解这方面的信息。两岸有关方面循共同打击犯罪和司法互助协议渠道开展合作，你可以向协议的相关联系窗口单位询问。

台湾《联合报》记者：针对电信诈骗案的问题，我们从电视上面看到了很多大陆受害人他们的一些悲惨的遭遇，感同身受。最近这一段以来，包括大陆网络上和我们身边所遇到的大陆朋友，对台湾诈骗犯的行径非常痛恨，他们对台湾的印象有了一些改变。请问，大陆同胞对台湾这样的印象的改变，会不会影响到以后两岸民间的交流或两岸的关系？

安峰山：我想，对这件事情的态度应该是就事论事、将心比心。这是跨境跨两岸的电信诈骗犯罪案件。大家知道，电信诈骗犯罪给两岸民众都带来了严重的财产损失和身心损害。应该说，两岸同胞都有强烈的愿望期望能够将这些犯罪分子绳之以法。两岸在共同打击犯罪司法互助协议框架下加强合作，共同打击犯罪，符合两岸同胞的共同愿望。至于我们对两岸民间交流的支持和鼓励的态度是明确的、一贯的，不会改变。

中国台湾网记者：台湾工业总会日前就深化两岸经济合作提出三项建议，希望民进党上台执政后构建两岸都能接受的对话与互动模式，继续推动两岸经济合作，请问发言人对此有何评论？

安峰山：2008年以来，两岸双方在坚持"九二共识"的共同政治基础上，推动两岸经济合作制度化取得积极进展。只有坚持"九二共识"这一共同政治基础，才能够真正顺应工商界的期待，为两岸经济合作创造良好的环境和条件。如果"九二共识"这一基础遭到破坏，两岸各领域交流合作的气氛势必会受到影响。

福建厦门卫视记者：肯尼亚案发生后，由民进党、

"时代力量"党团发起，台湾立法机构发表了"声明"，提出了"抗议"，想请问发言人对这个"声明"做怎样的评论？

安峰山：我刚才讲了，电信诈骗是两岸民众都深恶痛绝的犯罪行为，给两岸同胞带来了严重的财产损失和身心伤害。两岸同胞都强烈要求，将罪犯绳之以法。我们将严格按照国家法律法规的有关规定来办理此案，切实维护和保障两岸同胞财产安全和合法权益。

安峰山：至于你提到的所谓"声明"，完全无视事实，不分是非，罔顾受害人的权益，甚至还包含明显的"一边一国"的内容，意图破坏两岸现状，制造两岸对立，这既违背了两岸同胞的意愿，同时也损害了两岸共同打击犯罪合作以及两岸关系发展的基础，理所当然会遭到两岸同胞的共同反对。

台湾《旺报》记者：美国众议院外交委员会日前重申美《与台湾关系法》和对台"六项保证"是美台关系的基石，请问发言人对此有何评价？

安峰山：台湾问题是中国的内政，不容外国势力干涉。美方应该恪守坚持一个中国政策和中美三个联合公报原则的承诺，反对"台独"，妥善处理涉台问题，多做有利于两岸关系和平发展的事。

福建东南卫视记者：近期，台湾法务部门相关人士来到大陆，协商两岸共同打击电信诈骗，请问有什么进展？另外台方任命的意识形态浓厚的教育及文化部门负责人还没有上任就要求"废除微调课纲"，请问发言人对此有何评价？

安峰山：第一个问题，4月21日，在《海峡两岸共同打击犯罪及司法互助协议》框架下，两岸双方协议工作组就两岸合作打击跨境电信诈骗犯罪有关事宜进行协商，相互通报肯尼亚和马来西亚电信诈骗案件情况，就协助侦办案件、深化打击跨境电信诈骗的合作方式及双方关心的其他事宜进行了沟通。

安峰山：公安部有关负责人表示，加强执法合作、共同打击犯罪符合两岸人民的心愿，双方应共同努力，在有利于打击犯罪、切实保护受害人利益，有利于促进两岸关系和平发展的原则下，坚决打击电信诈骗，无论电信诈骗犯罪分子逃到哪里，都要全力缉拿归案、依法严惩。

安峰山：双方认为，要在维护两岸共打协议既有成果基础上，针对跨境电信诈骗犯罪新情况，进一步探讨深化合作具体方式。双方同意协助对方核查嫌犯身份和相关信息、抓捕逃犯及追缴涉案赃款等，并就后续协助侦办等事宜保持沟通。

安峰山：有关方面还安排台湾协商代表一行实地参观了北京市海淀区看守所，了解两岸犯罪嫌疑人侦审情况及羁押环境，表示将对两岸犯罪嫌疑人一视同仁，充分保障其依法享有的各项权利，依法协助安排家属探视等事宜。

安峰山：两岸很多民众对电信诈骗都有切身之痛，这类诈骗行为，不仅谋财，甚至还会害命。一些大陆的普通百姓，在受骗之后，倾家荡产，有的甚至走上绝路。也有不少的台湾的老百姓也深受其害。我想，电信诈骗在两岸应该是"过街老鼠，人人喊打"。将心比心，两岸应该加强携手合作，对跨境电信诈骗予以坚决打击，使受害民众的权益能够得到维护，也绝不能让这些犯罪分子逍遥法外。

安峰山：您的第二个问题，我们不对岛内具体的人事安排做评论。就两岸关系而言，2008年以来，在坚持"九二共识"的基础上，两岸文化教育领域交流蓬勃发展，成果十分显著。我们希望这个良好的局面能够得到维护，以增进两岸同胞相互了解，融洽共同感情，共同弘扬中华文化。对于有些人试图在文化教育领域推行"去中国化"的"台独"分裂活动，割断两岸同胞的血脉连结，两岸同胞都应保持高度警惕。

香港中评社记者： 第一个问题，台湾屏东琉球籍的渔船东圣吉 16 号日前在冲之鸟礁公海作业的时候，遭到了日本公务船的拦查扣押，请问发言人，大陆对于台湾渔船遭扣押一事有何评论？第二个问题是国台办主任张志军 25 日表示，将推动台资企业以适当方式参与"一带一路"建设，请问发言人，就台湾参与"一带一路"，近期有没有一些具体的做法和安排？

安峰山： 您的第一个问题，我们对此高度关注，保护两岸渔民在相关海域的合法权益，是两岸双方的共同责任。

安峰山： 您的第二个问题，我想大陆的经济发展和转型升级，为包括台商在内的广大企业提供了非常重大、良好的市场机遇。我们将结合大陆"十三五"规划纲要的全面实施，积极协助台资企业进行转型升级，同时，也协助台企以适当方式参与大陆的"一带一路"建设。

台湾《旺报》记者： 最近几天，大陆有媒体和智库做了一个两岸关系的民调，特别针对"武统"做了一些假设性的问题，请问发言人有何评论？第二个民调是关于台湾的，台湾有个智库昨天公布了一个民调，有 52% 的人反对"九二共识"，请问发言人如何看待？

安峰山：您的第一个问题，我不对具体的民调发表评论。我们的对台大政方针是明确的、一贯的。我们将坚持"九二共识"的政治基础，继续推进两岸关系和平发展，推进两岸各领域的交流合作，促进两岸同胞的利益福祉，拉近两岸的心灵距离，增进两岸同胞对两岸命运共同体的认知。同时，我们也坚决反对任何形式"台独"分裂活动，坚决维护国家的主权和领土完整，绝不允许国家分裂的历史悲剧重演。

安峰山：第二个问题，同样，我对具体的民调不做评论。但是我想您提到的那个所谓的民调机构，它的立场和背景，大家都十分清楚。我想强调的是，世界上只有一个中国，大陆和台湾同属一个中国，中国的主权和领土完整不容分割。"九二共识"是两岸关系和平发展的共同政治基础，正是在这个基础之上，两岸关系才开创了和平发展的新局面。如果这一基础受到损害，两岸关系和平发展方方面面的成果都会受到影响。

《台声》杂志记者：4 月 26 日是《海峡两岸共同打击犯罪及司法互助协议》签署 7 周年，请发言人介绍一下 7 年来两岸合作相关成果？

安峰山：4 月 26 日是《海峡两岸共同打击犯罪及司法互助协议》签署 7 周年纪念日。7 年来，在两岸关系和平发展这样一个大环境下，两岸执法部门在协议框架下密切合作，破获了很多涉两岸电信诈骗、毒品、传销等广受关注的案件，也相互遣返了一批通缉犯，同时调查取证方面开展了一系列的司法互助合作，为保护两岸人民的福祉，维护两岸的交流秩序，以及推动两岸关系的和平发展，都做出了贡献。我想，这些成果，两岸同胞都是有目共睹的。

香港《大公报》、大公网记者：日前有大陆学者提出来，如果民进党执政，两岸有可能陷入所谓的冷和平与冷对话，请问发言人如何理解？

安峰山："九二共识"是两岸关系和平发展的基石，也是两岸关系和平发展的定海神针。如果能够坚持"九二共识"这一政治基础，两岸关系就可以行稳致远，如果这一基础受到损害，两岸的政治互信将不复存在，两岸关系必然会受到冲击。

《团结报》记者：近期俞正声主席出席全国台企联代表大会表示，台商为大陆经济发展做了不少贡献。请问在新形势下，大陆对台商的相关政策是否会发生改变？

安峰山：大陆支持和鼓励台商在大陆发展的政策是明确的、一贯的，不会改变。

中国国际广播电台记者：日前，台湾代表团在比利时参加国际钢铁会议时被要求离席，这一事件在岛内引起了热议，有绿营人士借机挑拨两岸关系，请问发言人对此如何评价？

安峰山：据了解，你所提到的 4 月 18 日下午举行的会议，是一场政府间性质的圆桌会议。我们尊重相关国际组织与机构，按其章程与规定处理涉台问题。

广东深圳卫视记者：日前被视为蔡英文导师之一的"中央研究院"院士胡胜正表示，蔡英文的就职演说很可能不会提及"九二共识"，可能会隐含在"九二共识"历史事实的某种表述下继续推动两岸关系，内容会让相关各方可以接受。请问发言人对此有何评论？

安峰山："九二共识"既是两岸关系和平发展的基石，也是两岸现状的重要组成部分。承认"九二共识"的历史事实，认同两岸同属一中的核心意涵，两岸就有了共同的政治基础，就可以保持良性互动。如果否定这一政治基础，也就意味着改变两岸关系的现状。在涉及两岸关系性质这一原则性的问题上，一味地采取模糊回避或者是玩文字游戏，都是毫无意义的。

安峰山：谢谢大家。今天的发布会就到这里。我们下次再会！

［发布时间］2016 年 5 月 11 日
［发　布　人］马晓光
［发布地点］国务院台湾事务办公室新闻发布厅

国务院台湾事务办公室
新闻发布会

2016 年 5 月 11 日

5 月 11 日上午 10 时，国台办在新闻发布厅举行例行新闻发布会。发言人马晓光就近期两岸热点问题回答了记者提问。

中国国际广播电台记者：台湾民进党新当局日前就台湾方面参与世卫大会发表了"4 点声明"称，以联大 2758 号决议为基础的一中原则，与台湾方面参与世卫大会无关，此事是"政治力干预"，并就此提出抗议，请问发言人对此有何评论？

马晓光：一个中国原则得到国际社会普遍承认。联大 2758 号决议与世卫大会 25.1 号决议都体现了这一原则，其权威性不容置疑。世卫组织作为联合国专门机构予以重申，天经地义。

马晓光：2008 年以来，两岸双方在坚持"九二共识"共同政治基础上，不断增进政治互信，开创两岸关系和平发展新局面。在两岸关系和平发展的大背景下，从 2009 年开始，台湾方面得以参与世卫大会，这是在一个中国原则下做出的特殊安排。挑战国际社会公认的一中原则，相关的安排将难以为继。

新华社记者：《人民日报》日前发表了评论员文章《不承认"九二共识"就是破坏两岸关系共同政治基础》，被外界认为是对台湾新当选领导人的警告升级和最后通牒，请问这是否代表大陆方面的立场？另外，如果蔡英文在"5·20"就职演说中不承认"九二共识"，会对两岸关系带来哪些影响？

马晓光：一段时间以来，我们已多次就两岸关系重大问题表明了立场和态度。特别是就维护两岸关系和平发展政治基础的极端重要性，以及两种道路选择可能带来的两种前景，做了系统的说明和论述。这体现了我们在"九二共识"基础上继续推进两岸关系和平发展的真诚愿望。当前，两岸关系正处在重要节点，球在台湾新的当政者手上，何去何从，人们拭目以待。

中央电视台《中国新闻》记者：台湾方面近期可能会派专案组参与两岸共同打击诈骗犯罪第二轮协商，可不可以给我们介绍一下相关情况，尤其是这次的协商要达成的目标是什么？

马晓光：两岸有关主管部门将于5月12日至14日在珠海举行《海峡两岸共同打击犯罪及司法互助协议》有关合作打击电信诈骗的工作组会谈。相关进展情况，双方业务主管部门会及时向各位媒体朋友们通报。大陆方面将在4月21日工作组首轮协商共识的基础上，本着有利于打击犯罪、有利于保护受害人利益、有利于实现司法公正与社会正义、有利于两岸关系和平发展的原则，继续深化两岸共同打击电信诈骗犯罪的合作。

马晓光：近年来，《海峡两岸共同打击犯罪及司法互助协议》的实施取得了丰硕成果，维护了两岸人民福祉和社会秩序，为两岸同胞带来了实实在在的利益。我们不希望因"九二共识"这一共同政治基础遭到破坏，而导致两岸关系和平发展方方面面的成果受到影响。

中新社记者：据报道，美国助卿帮办董云裳日前接受台媒专访时表示，两岸不能有任何形式的僵局或危机，她并认为，蔡英文迄今"言行一致"，"做得很好"，请问发言人对此有何评论？

马晓光：2008 年以来，两岸双方在坚持"九二共识"、反对"台独"的共同政治基础上，开创了两岸关系和平发展新局面，保持了台海地区和平稳定，符合两岸同胞的共同愿望和根本利益，得到国际社会的高度评价。我们希望这样的现状能够延续。我们已经多次强调，我们的对台大政方针不会因台湾政局变化而改变。一段时间以来，谁在努力维护两岸共同政治基础、维护两岸关系和平发展大局，谁在破坏两岸共同政治基础、改变两岸现状，谁在护路，谁在拆桥，相信大家都看得很清楚。如果有些人连这点都看不清楚，甚至对后者进行鼓励，实在不是明智之举。

马晓光：我们必须重申，如果导致两岸僵局，或者出现危机，责任由改变现状者承担。

福建厦门卫视记者：没有安排从肯尼亚遣回大陆的45 名台湾电信诈骗嫌犯的家属来探视？他们何时能到大陆来探视？

马晓光：据了解，有关部门已经收到了台湾海基会发来的犯罪嫌疑人家属的探视请求，将在符合我有关规定的情况下，于 5 月 15 日以后接待家属探视。相关情况，海协会已经及时向海基会进行了通报。

台湾中天电视台记者：由于今年世卫组织发给台湾的邀请函第一次出现 2758 号决议文，就有民进党人士主张，台湾今年参与世卫大会的代表应该进场抗议，对此有何评论？

马晓光：关于处理台湾参与世界卫生大会的原则，以及台湾在 2009 年之后之所以能够参加的大背景，是在"九二共识"基础上开辟了两岸关系和平发展道路，我刚才已经介绍得很清楚了，这是一个客观的现实。如果有人试图挑战一中原则，会造成什么样的后果，他们自己应该做出评估。

中央电视台《海峡两岸》记者：日前"一带一路"台商西部行考察团到大陆参访，有消息说，有很多台湾企业想借助"一带一路"拓展商机，谋求企业的发展。请问发言人，未来国台办会不会给有这样意愿的台商更多的支持？

马晓光：大家可能注意到，国台办、海协会一直在为广大台商参与大陆的"一带一路"建设积极创造便利条件。从去年下半年开始，海协会陈德铭会长率领台商考察团赴"一带一路"沿线的城市进行考察。去年去了陕甘宁、云贵等地，今年 5 月 8 日至 14 日，陈会长再次率台商考察团去四川、重庆和广西考察。目前活动正在进行中，据了解有 20 多位台商代表参加这次活动。预计今年 6 月份陈会长还将率台商考察团去新疆等地考察。

马晓光：我们之所以这么密集地组织台商朋友前往考察，主要是让他们能够实地了解有关省市涉及"一带一路"一些重要的建设项目，听取当地"十三五"期间经济社会发展的相关规划介绍，为他们掌握参与"一带一路"建设规划提供第一手材料。大家知道，"一带一路"的建设是我们对外开放的一个非常重要的举措，也是一个难得的机遇，所以我们衷心希望台商能够发挥并善用自身的优势，找准定位，熟悉情况，积极参与，在今后的贸易投资、经营管理服务等方面找到适合自己的商机，从而实现互利双赢，能够分享大陆发展带来的机遇。

台湾 TVBS 电视台记者：再过 9 天就是"5·20"了，蔡英文就职演说架构也已经大致完成，在基丁支持"九二共识"的国民党已经下台以后，她的就职演说应该是不会提到"九二共识"，她只会承认"九二会谈"，请问发言人对此有何看法？

马晓光：我们已讲得很清楚，"九二共识"是 2008年以来两岸关系和平发展的基础，也构成了两岸关系和平发展现状的一个重要的组成部分。要维持现状，当然应该接受这个基础。只要承认"九二共识"的历史事实，认同其核心意涵，这样两岸双方就可以交往、就可以良性互动，两岸关系就能持续地向前发展。我们的要求是合理的，因为我们没有对台湾新当选领导人提出超出2008年以来的新要求。我们多次重申，我们的对台大政方针不会因台湾政局的变化而改变，我们是真心实意地希望两岸关系能够沿着"九二共识"为基础铺就的光明大道持续发展，这也是两岸民众的期待。

福建《海峡导报》记者：今年以来陆续有媒体报道关于两岸航班每周都在减少的新闻，请问发言人，这会不会影响到未来两岸直航的发展，两岸双方会不会有相应的举措？在民进党上台后，如果不承认"九二共识"，那两岸"小两会"是否能够再继续运作呢？

马晓光：首先，两岸航班的具体运营、班次的多少，这是由市场规律决定的。在两岸的相关协议里，它本身就是一种市场安排，所以大家以平常心看待。谢谢。

香港中评社记者：台湾准"行政院长"林全日前表示，要加入"一带一路"的话，要先处理台湾的"国际定位"。请问大陆会如何解决台湾加入"一带一路"过程中的定位问题？未来如果两岸关系出现变化，会否影响台商参与"一带一路"？

马晓光：我不太清楚他说这句话的具体背景和意涵，所以不便评论。"一带一路"是大陆主动对外开放的战略，好像跟国际方面的问题没什么关系。另外，你说到台湾的"国际定位"，刚才我反复讲联大2758号决议、一个中国原则。

台湾《联合报》记者：台湾最高领导人马英九先生就将卸任了，这8年来，马当局推动了两岸签署23项协议，积极推进了两岸交流，在南海问题上面，马先生也坚持维护主权的立场。请问发言人，大陆对马英九这8年的评价是怎么样的？

马晓光：这8年来，在坚持"九二共识"、反对"台独"的共同政治基础之上，两岸关系开创了和平发展的新局面。两岸双方建立了政治互信，开展了良性互动，签署了23项协议，推进了两岸经济合作以及各领域交流，减少了双方在对外事务上的摩擦和内耗。所以这8年的两岸关系发展得到了两岸同胞的广泛支持，也得到了国际社会的普遍肯定，这是有目共睹的，也是不容否认的，将写入史册。

广东深圳卫视记者：美国国务院媒体关系办公室主任日前指出，美国依然信守基于中美三个公报以及《与台湾关系法》的一个中国原则，而美国国务院东亚及太平洋事务局的发言人随后又补充，说两岸关系的未来由两岸人民来决定。请问发言人对此有何评论？

马晓光：恪守基于一个中国原则和中美三个联合公报所做的承诺，是中美关系发展的基石。美国和整个国际社会都高度肯定这8年来两岸关系和平发展的成果，都希望这种和平发展的局面、台海和平稳定的局面能够保持下去。但同时，这种局面得以形成的重要原因是因为双方坚持"九二共识"。所以未来这个局面能否持续，关键在于双方能否继续坚持"九二共识"。这个道理大家都是非常清楚的。

福建海峡卫视记者：第一个问题，"5·20"之后，如果民进党当局不承认"九二共识"的话，会不会对今年海峡论坛造成影响？第二个问题，最近有一项调查显示，台湾超过一半的民众都支持将电信诈骗嫌疑犯送至大陆来受审，对这种民意的转变发言人有何评价？

马晓光：第一个问题，海峡论坛筹备工作进展顺利。大家也知道，海峡论坛是我们2008年以后构建的一个以两岸基层民众为主体开展交流的平台。我们将会继续推进两岸民间的交流合作，这个方针不会改变。所以，海峡论坛也不会受到什么因素的影响。

马晓光：第二个问题，关于跨境电信诈骗案的处理情况，在前几次发布会上已经介绍很多了。当然，你所讲的台湾半数民众表示支持，我想这也是意料之中的。因为大家也知道，在这些犯罪活动中，受害人都是大陆的民众，他们所受到的损失都非常惨重，有的甚至付出了生命的代价。由大陆来处置，应该说合情合理合法，所以，人同此心。刚才我也讲到，第二次会商马上就要进行，我相信沿着正确的方向，双方就共同打击诈骗犯罪的合作，也将会逐步健康有序地推进下去。

福建东南卫视记者：4 月 29 日台立法机构就民进党民代提出的要求台教育部门撤销微调课纲提案表决通过，对于民进党现在急不可待地强撤微调课纲，发言人有什么样的看法？

马晓光：我们多次讲过，编撰教科书应该尊重历史、尊重事实。"台独"分裂势力试图继续在文化教育领域推进"去中国化"的分裂活动，用"台独"史观来毒害台湾青年一代，割断两岸同胞的血脉连结。他们自以为播下的是所谓"龙种"，但收获的只能是"跳蚤"。

台湾《中国时报》记者：世界卫生组织发出的 WHA 邀请函是给现任卫生部门负责人蒋丙煌，但是由于 WHA 是在 5 月 23 号举行，而新任卫生部门负责人林奏延报名参加，外传说大陆方面将会严格检视蔡英文在"5·20"

的就职演说内容，再决定是否同意让林出席，请发言人予以证实。第二个问题，在处理两岸关系的时候，大陆以前总是说寄希望于台湾人民，但是在近来一连串的事件里，包括将台湾电信诈骗嫌犯遣回大陆等等，都引起台湾方面的波澜。请问发言人，台湾的民意对大陆来讲现在是不是已经变得不重要了？或者说大陆方面会把台湾民众跟民进党当局分开看待，采取不同的应对策略？

马晓光：第一个问题，2009 年以来，世卫组织根据一个中国原则，对台湾参会做出了特殊安排。今年世卫组织将邀请函发给现任台卫生部门负责人，符合以往的做法。5 月 6 日，世卫组织总干事陈冯富珍女士致函台湾方面卫生主管部门负责人，邀请台湾方面以中华台北名义、观察员身份参加今年世界卫生大会。据了解，台湾方面已经复函。相信世界卫生组织会按照联大 2758 号决议与世卫大会有关决议精神做出处理。

马晓光：第二个问题，跟大家首先重温一下今年 3 月 5 日习近平总书记在全国人大、政协两会上的一段重要讲话。习近平总书记强调，我们对台大政方针是明确的、一贯的，不会因台湾政局变化而改变。我们将坚持"九二共识"的政治基础，继续推进两岸关系和平发展。他还特别强调，我们将持续推进两岸各领域交流合作，深化两岸经济社会融合发展，增进同胞亲情和福祉，拉近同胞心灵距离，增强对命运共同体的认知。我想，由此可知，大陆对台方针政策中寄希望于台湾人民的政策内涵显而易见，也是不需要置疑的。

马晓光：一段时间以来，我们对维护两岸关系共同政治基础一再进行呼吁，正是为了回应两岸同胞对推进两岸关系和平发展的殷切期待。我们认为，支持两岸关系和平发展依然是两岸民众的主流民意。所以，我们是真心诚意地希望两岸关系继续在"九二共识"的基础上向前发展，使得两岸同胞的福祉不断增加，感情不断密切，通过交流合作实现互利双赢。

马晓光：但是大家也知道，两岸关系之所以能取得今天一系列成果，是跟"九二共识"分不开的。所以，要维持现状，首先要维护这个共同的政治基础，不能只摘果子，不拜树头。我想，对此绝大多数台湾同胞应该能够理解。

马晓光：两岸关系和平发展的成果，还是需要两岸同胞共同维护，两岸关系和平发展的前景，也是要由两岸同胞来共同开创。所以在推进两岸关系和平发展、贯彻落实我们对台大政方针的过程中，我们会始终团结广大台湾同胞一起努力。

马晓光：至于你提到的一些具体个案，比如刚才讲的跨境电信诈骗犯罪活动的情况，诚如刚才其他记者朋友引述的台湾媒体的民调，过半台湾民众是支持大陆来侦办的。我想，岛内有些人反对是出于一党之私、出于一些政治私利，他们进行反对是毫不奇怪的。我也经常在想，面对这些受害人的血和泪，怎么能有人用泛政治的手法来把这样的刑事案件操作成一种政治对抗呢？我觉得难以理解。我想，这样一种"政治挂帅"的人、这样一些"政治挂帅"的势力，他们对大陆同胞的生命财产安全是如此的漠视，你怎么能指望他在关键时刻就能维护台湾人民的利益呢？

马晓光：发布会到此结束，欢迎大家下次光临。

[发布时间] 2016 年 5 月 25 日
[发 布 人] 马晓光
[发布地点] 国务院台湾事务办公室新闻发布厅

国务院台湾事务办公室
新闻发布会

2016 年 5 月 25 日

5 月 25 日上午 10 时，国台办在新闻发布厅举行例行新闻发布会。发言人马晓光就近期两岸热点问题回答了记者提问。

新华社记者： 大陆是否认为蔡英文"5·20"讲话"虽不满意，但可忍受"，是否将对其"听其言，观其行"？

马晓光： 中共中央台办、国务院台办负责人 5 月 20 日发表的关于当前两岸关系的谈话已经明确表达了我们的严正立场。

马晓光：台湾当局新领导人 5 月 20 日的讲话，在两岸同胞最关切的两岸关系性质这一根本问题上采取模糊态度，没有明确承认"九二共识"和认同其核心意涵，没有提出确保两岸关系和平稳定发展的具体办法。我要强调的是，大陆和台湾同属一个中国，两岸不是"国与国"关系。涉及两岸关系根本性质的原则问题，是一道绕不开的"必答题"，没有任何模糊空间。

马晓光：正如台办负责人谈话指出的，不同的道路选择决定不同的前景。是维护体现一个中国原则的共同政治基础，还是推行"两国论""一边一国"的"台独"分裂主张；是继续走两岸关系和平发展之路，还是重蹈挑起台海紧张动荡的覆辙；是增进两岸同胞感情与福祉，还是割裂同胞间的精神纽带、损害同胞根本利益，在这些重大问题上，台湾当局更须以实际行动做出明确回答，并接受历史和人民的检验。

中央电视台记者：蔡英文在她的 5 月 20 日就职演讲中，多次提到台湾要推出"新南向政策"，而且希望台湾可以参与到未来多边和双边的经济合作以及自由贸易谈判，摆脱现在对单一市场依赖的现象，不知道发言人对此有何评论？

马晓光：大家应该还记得，当年李登辉和陈水扁时期强行推动过所谓"南向政策"，这类为政治目的服务、违反经济规律的做法，给许多台商的利益造成巨大损害，也给台湾的经济造成不良影响，殷鉴不远。

马晓光：至于台湾方面参与区域经济合作问题，如果一个中国原则不能得到维护，政治互信不复存在，势必对之带来不利影响。如果企图在国际上进行"台独"分裂活动，搞"两个中国""一中一台"，这条路根本行不通。

中新社记者：蔡英文在"5·20"就职演讲中提到两岸的执政党应该要放下"历史包袱"，展开良性对话，造福两岸人民，请问发言人对此有何评论？

马晓光：大家对民进党的历史都很清楚。这个党坚持"台独"立场，有主张"台独"的文件，这是民进党自己一手制造的与大陆发展关系的障碍。显然，需要放下历史包袱的恰恰是民进党。

福建海峡卫视记者：日前台湾立法机构原计划初审通过"公投法修正案"，除了将"公投"适用事项增列"领土变更案之复决"之外，新增了两岸政治协商事前事后都必须经由"公投"才能换文生效的规定，后来又暂时搁置了，对此发言人有何评价？

马晓光："台独"是台海和平与两岸关系稳定发展的

最大祸害。搞"台独"就不可能有台海和平稳定。我们坚决反对任何势力借所谓"修法"等名目搞"台独"分裂活动。任何人都不要企图试探我们捍卫国家主权和领土完整的决心和能力。

中国国际广播电台记者：蔡英文"5·20"就职时并没有明确承认"九二共识"，请问发言人大陆方面是否将放弃两岸所谓"外交休兵"的默契？

马晓光：我们以一个中国原则对待台湾的对外交往问题，坚决反对任何企图在国际上制造"两个中国"、"一中一台"和"台湾独立"的行径。

马晓光：一个中国原则得到国际社会的普遍承认。如果企图在国际上进行"台独"分裂活动，搞"两个中国""一中一台"，不可能得逞的。

香港中评社记者：台湾教育主管部门近日宣布将废止2014年通过的"课纲微调"，请问发言人对此有何评价？

马晓光：刚才我已经向大家重申了中共中央台办、国务院台办负责人5月20日发表的谈话。这里面讲得很清楚，不同的道路选择决定不同的前景。如果民进党当局以后面一种选择来写自己的"答案"，必须承担由此产生的后果。

福建《海峡导报》记者：据报道，台当局将对126名"太阳花学运"人士撤告，2014年"太阳花学运"的成员曾经因为"反服贸"而占领台湾立法机构。想请问发言人，国台办对于台湾新当局上台伊始就这样做有什么样的评价？

马晓光：我们注意到，台湾岛内有舆论提出疑问，这样的处理方式会对台湾社会的现在和未来带来什么样的影响？

福建厦门卫视记者：第八届海峡论坛下个月11日将在厦门举行，请发言人介绍一下目前的最新筹备进展情况。

马晓光：第八届海峡论坛各项准备工作目前进展顺利。论坛大会将于6月12日举行。

马晓光：本届论坛以"扩大民间交流，促进融合发展"为主题，将继续呈现"民间性、草根性、广泛性"特点，各项活动更加贴近两岸青年和基层民众的关注与需求。

马晓光：一是围绕两岸青年和基层民众共同关注的就业、创业、民生服务等议题设计活动，如新增举办"乐业两岸，创享未来"青创先锋汇、台湾专业人才对接等活动，为台湾青年来闽就业提供平台、拓宽渠道。

马晓光：二是围绕福建自由贸易试验区建设、海上丝绸之路核心区建设等主题，促进两岸同胞共享发展机遇。举办两岸智库论坛、海峡金融论坛、共同家园论坛等活动，推动两岸有关业界、乡镇村里开展交流合作，探讨共治共建等问题。

马晓光：三是突出互动分享和体验式交流。论坛大会新增两岸知名青年企业家对话环节。同名村、祖地文化和特色乡镇对接等活动，将邀请台湾青年、农民、宗亲等走进同名同宗村、台湾青创基地、农民创业园等地体验交流。职工论坛将展示两岸民间发明创造，并开展技能竞赛和技术创新交流；妇女论坛汇聚两岸青年女大学生同台竞技；公益论坛将安排台湾青年学生分组进入社区与当地青年交流志愿工作经验。

马晓光：欢迎记者朋友们前往采访报道。海峡论坛新闻中心5月10日至31日接受记者报名申请，相关报名信息请登陆海峡论坛官方网站进行查询。

福建东南卫视记者：马英九已经卸任，请问大陆方面对于马英九这8年以来在两岸关系方面的作为如何评价？会邀请他来到大陆吗？会不会有第二次"习马会"？谢谢。

马晓光：2008年以来，两岸双方在坚持"九二共识"、反对"台独"的共同政治基础上，开创了两岸关系和平发展局面，推进了两岸各领域交流合作，增进了两岸同胞的亲情和福祉，保持了台海局势的和平稳定，使得两岸关系呈现了1949年以来的最好局面。特别是在双方共同努力下，实现了两岸领导人跨越66年的首次会面，在两岸关系发展进程中具有里程碑的意义。马英九先生作为台湾当局领导人，为此付出了努力，做出了贡献。

马晓光：两岸关系和平发展的局面来之不易，要靠两岸同胞共同维护。我们乐见也希望所有关心、支持两岸关系和平发展的有识之士能够一如既往地发挥积极作用，贡献智慧和力量。

台湾《中国时报》记者：台湾方面注意到大陆方面中断了国台办与台湾方面陆委会还有海协会与海基会的沟通协商机制，23日还公布了对台湾进口的柑橘类水果要加强检疫。《海峡两岸投资保护和促进协议》现在是否也有失效之虞？台商权益的维护是否将会无以为继？此外，两岸所签署的23项协议是否会失效？

马晓光：1992年11月，海协会和台湾海基会受权达成各自以口头方式表述海峡两岸均坚持一个中国原则的共识。2008年5月，两会通过函电往来，确认"九二共识"后，双方恢复了联系往来和协商谈判。8 年来，两会先后签署了 23 项协议，增进了两岸民众的利益福祉，促进了各领域的交流合作。可见，这些成果的取得，都是与双方坚持"九二共识"的基础分不开的。只有确认体现一个中国原则的政治基础，才能确保两岸制度化交往的成果不受影响。

马晓光：至于你提到的一些个案，比如说《海峡两岸投资保护和促进协议》，大家知道，早在 1994 年，我们就制定了《中华人民共和国台湾同胞投资保护法》，后来两岸又签署了《海峡两岸投资保护和促进协议》，我们对台商合法权益的保护是一贯的、明确的，不会改变。

马晓光：至于有关对自台进口柑橘检验检疫的问题，据我了解，今年 2 月份以来，大陆的检验检疫部门多次在台湾输往大陆的柑橘类水果中截获了柑橘溃疡病菌，这种病菌是大陆关注的检疫性有害生物。因为大家知道，柑橘的种植也是大陆重要的水果产业，所以大陆的质检部门为了防止这种有害生物通过货物传入大陆，向各口岸发布了警示通报。这一措施的目的是保护大陆生态安全和农业生产安全。

台湾中天电视台记者：针对 WHA，台湾方面可能会递交所谓书面"抗议信"，大陆是否可以接受？另外，双方还会按照往例举行会谈吗？

马晓光：我们已经多次强调，台湾方面参与世界卫生大会，是在一个中国原则下做出的特殊安排。

《台声》杂志记者：近日台当局"行政院"发言人童振源表示，对"冲之鸟"是"礁"是"岛"的问题，台湾不采取法律上任何特定立场，待联合国裁定，对此发言人有何看法？

马晓光：外交部已经就冲之鸟礁问题表明立场。台湾同胞是我们的骨肉兄弟，我们将一如既往地维护两岸渔民在有关海域的合法权益。

台湾《旺报》记者：之前国台办在回应蔡英文的"5·20"演说中提到说是"未完成的答卷"，外界解读说还要进行"补考"，想请问这样"补考"的时间大概有多久？就是"听其言、观其行"的时间大概有多久？另一个问题，近日有一位有少将军衔的国台办前领导在一个场合提到说，解决台湾问题没有时间表，但是要有紧迫感，他也提到过可能在2049年之前解决台湾问题，请问发言人对此有何评价？

马晓光：你的问题，我想并成一个问题来回答。我们对个人言论不做评论。中共中央台办、国务院台办负责人5月20日的谈话，已经表明了我们的严正态度，请大家领会。

香港凤凰卫视记者：第一个问题，蔡英文在"5·20"演讲的时候特别提出处理两岸事务的依据之一是"两岸人民关系条例"，我想请问国台办对此有什么样的回应？第二个问题，我们注意到蔡英文当局对于"驻美代表"这样的称呼已经转换成"驻美大使"，包括在WHA他们可能会提出所谓的"主权抗议"。对这样在国际场合频频发生的问题，国台办有什么看法？

马晓光：第一个问题，这说明大家也都注意到，台湾当局新领导人只是重申了台湾方面现行规定的立场，依然回避了两岸关系性质这一根本问题。如果要确保现有制度化交往机制和两岸关系和平发展成果不受影响，必须与大陆方面确认体现一个中国原则的共同政治基础。

马晓光：第二个问题，国际社会普遍奉行一个中国政策。台湾在美机构及其负责人身份、地位的界定是十分清楚的。我们坚决反对任何在国际上制造"两个中国"、"一中一台"和"台湾独立"的行径。

台湾东森电视台记者：在"5·20"前，"小三通"很多台湾商品遭到福建的海关查扣。现在蔡英文在"5·20"讲话中没有承认"九二共识"，请问"小三通"会不会因此而夭折？

马晓光：你说的所谓"查扣"的情况，我不是很了解。但是我刚才讲了，2008年以来，两岸制度化交往以及方方面面取得的成果，都是建立在坚持体现一中原则的"九二共识"基础之上的，所以只有确认这个共同政治基础，这些成果才能不受影响。

马晓光：今天的发布会到此结束，谢谢大家的光临。

［发布时间］2016 年 6 月 15 日
［发 布 人］安峰山
［发布地点］国务院台湾事务办公室新闻发布厅

国务院台湾事务办公室
新闻发布会

2016 年 6 月 15 日

6 月 15 日上午 10 时，国台办举行例行新闻发布会。发言人安峰山就近期两岸热点问题回答了记者提问。

新华社记者：根据相关报道，台湾陆委会负责人日前在与媒体交流寒暄时称大陆为"邻居"，发言人有何评论？

安峰山：大陆和台湾同属一个中国，两岸同胞是一家人。两岸关系不是"国与国"的关系，所以也绝不是什么"邻居"关系。

福建海峡卫视记者：有台湾舆论认为，随着两岸关系形势发生变化，以及一系列新闻事件发酵，今年以来大陆民间出现了一些"反台"的情绪，应该引起重视，对此发言人有何评价？

安峰山：大陆和台湾同属一个中国，两岸同胞是一家人，所以不存在你所说的大陆民间"反台"情绪，只有反对"台独"分裂势力及其活动的强烈呼声。

福建海峡之声广播电台记者：近来关于台湾海基会董事长人选有不少报道和评论，对于今后两会协商和联系机制如何运作也有很多关注，请问大陆方面对此持何态度？

安峰山：我们在"九二共识"基础上推动两岸协商谈判的主张和诚意没有改变。两会协商和联系机制能否得以维系，关键在于海基会能否得到授权，向海协会确认坚持"九二共识"这一体现一个中国原则的政治基础。

香港中评社记者：马英九原本定在今天赴港出席活动并发表演讲，但最后还是被台湾当局驳回了申请，理由是香港是属于敏感而风险高的地区，请问发言人对此有何评论？

安峰山：我们注意到了相关报道。

中国台湾网记者：据了解近期增加了一批海峡两岸交流基地，能否请您介绍一下相关的情况。

安峰山：为了创建更多的两岸交流合作平台，给两岸同胞提供更多回顾历史、品味文化、畅叙亲情和融合发展的机会，中共中央台办、国务院台办最近决定在已有的 43 家海峡两岸交流基地的基础上，增设安徽黄山、福建省晋江五店市传统街区、三明尤溪朱熹诞生地、南平武夷山朱子故里、辽宁张氏帅府博物馆、天津天后宫等六家海峡两岸交流基地。我们欢迎台湾同胞和各界人士到这些交流基地去参观考察，开展交流合作。

中央电视台《海峡两岸》记者：有媒体报道称，台湾"时代力量"党团日前提出废省及废除"一国两区"等所谓的"修宪提案"，请问发言人对此有何评论？

安峰山：任何形式的"台独"分裂活动，都是对台海和平稳定的公然挑衅和破坏。如果有人妄图以所谓"修宪"等方式谋求把台湾从中国分裂出去，只会撞得头破血流。

福建厦门卫视记者：在第八届海峡论坛上有台湾与会人士建议，大陆进一步扩大开放对台小额贸易，包括提高小额贸易的金额、开放更多口岸等等，请问大陆方面对此持何态度？

安峰山：对台小额贸易是两岸贸易的有益补充，长期以来对推动两岸的直接通商发挥了重要的作用。当前，对台小额贸易因其快速、便捷的特点，在促进两岸农产品贸易、服务大陆台资企业生产经营、便利两岸基层民众交往等方面仍然发挥着独特和积极的作用。相信有关部门会重视相关反映，积极考虑促进小额贸易健康和平稳发展，进一步密切两岸民间经贸往来。

台湾《联合报》记者：目前台湾陆委会跟国台办、台湾海基会和海协会之间的沟通基本上中断了，但是民进党当局愿意启动"二轨"沟通，请问大陆方面愿意进行"二轨"沟通吗？过去在扁当局时期，海基会、海协会协商中断的时候，双方采取了准官方的协商模式，也就是所谓的"澳门模式"，这会不会是未来可能的选项呢？第二个问题，最近有位自称"公民记者"的洪素珠辱骂国民党老兵，要把其赶回大陆，还自拍上网，请问国台办对此事件的态度和看法？

安峰山：第一个问题，我们一直强调"九二共识"的重要性，在于它体现了一个中国原则，明确界定了两岸关系的性质，就是大陆和台湾同属一个中国，两岸不是"国与国"的关系，这是两岸关系和平发展的基石。台湾当局新的领导人至今在两岸关系性质这个问题上仍然采取模糊的态度，如果要确保两岸现有的制度化交往机制和两岸关系和平发展成果，必须确认体现一个中国原则的政治基础。

安峰山：您的第二个问题，关于洪素珠事件，我们注意到这一事件已经受到了各界一致谴责。对此事产生的原因和背景，确实值得大家深思。

中国国际广播电台记者：日前，全国政协主席俞正声在海峡论坛开幕式上表示，维护两岸关系和平发展与台海的和平稳定，需要持续扩大两岸民众交流，两岸关系形势越复杂，越要加强两岸民众交流，请问接下来将有哪些具体的民众交流？

安峰山：维护两岸关系和平发展和台海和平稳定，关键是要坚持"九二共识"的政治基础，坚决反对和遏制"台独"分裂活动，同时还需要持续扩大两岸民众交流。据了解，近期两岸民众之间还将在文化、教育、青年、宗教等各个领域举办一系列交流活动。

《经济日报》记者：近日有台湾媒体报道称，近期出现了大陆游客团赴台的暴跌，并且预计进入7月份之后每天赴台的大陆游客团总人数会更少，请问发言人对此有何看法？

安峰山：2008年以来，在两岸关系和平发展的大背景下，大陆游客赴台旅游持续快速健康发展。众所周知，今年以来，岛内局势和两岸关系大背景发生了变化，引发了大陆业者和游客的担忧，从而使得赴台旅游的意愿下降。至于赴台游具体情况的变化，主要还是市场行为，取决于企业和游客的意愿。大陆有关方面从未对大陆游客赴台旅游设置配额，配额是台湾单方面的做法。

广东深圳卫视记者：之前大陆方面讲蔡英文的答卷没有完成，想请问发言人，对于这一个月蔡英文在答卷上的回答如何看待？另外想请问，目前两岸的官方交流已经中断，国台办目前和未来一段时间主要的工作重点有哪些？

安峰山："九二共识"是两岸关系和平发展的基石，要确保两岸现行的制度化交往机制，以及两岸关系和平发展的成果不受影响，关键是要确认体现一个中国原则的政治基础。

安峰山：第二个问题，我们会继续坚持"九二共识"的政治基础，坚决反对和遏制"台独"分裂活动，继续推进两岸关系和平发展，维护台海和平稳定，推进各领域的交流合作，增进两岸同胞的利益和福祉。

台湾《旺报》记者：最近在台湾的大陆配偶在争取取得身份证件可以从 6 年缩短到 4 年。对此，台湾陆委会主委表示，"生活从宽，身份从严"。今天早上"内政委会"不予承认之前初审通过的决定。请问国台办对此有何看法？第二个问题，关于蔡英文即将在月底出访巴拿马，请问国台办如何看待？

安峰山：您的第一个问题，大陆配偶在台遭遇歧视性待遇，合法权益得不到保障，而且长期得不到解决，其障碍何在，我相信大家都非常清楚。民进党无视两岸婚姻家庭的合法权益，出于政治目的一再加以阻挠，是不得人心的。大陆配偶也是台湾同胞的亲人，我们希望台湾方面能够尽快调整和更改不合时宜的歧视性规定，切实照顾大陆配偶的合理诉求。

安峰山：您的第二个问题，我们一直是按一个中国原则来处理台湾的对外交往问题，坚决反对任何在国际上制造"两个中国"、"一中一台"和"台湾独立"的行径。

福建东南卫视记者：在本届海峡论坛台湾青年座谈会上，俞正声主席与台湾青年亲切交谈，希望他们在大陆有更好的发展，更好的生活。请问发言人，对台湾青年群体还有哪些期许？

安峰山：正如俞正声主席在今年的海峡论坛上所指出的，两岸关系未来的重任是在两岸青年人的肩上，维护两岸关系和平发展与台海的和平稳定，需要两岸青年人持续的努力。我们热诚欢迎广大台湾青年来大陆施展抱负，愿意为他们在大陆的学习、就业、创业和交流创造更多条件，搭建更好的平台，让两岸青年多接触、多交流，增进相互理解，拉近心灵距离，融洽民族感情，深化对两岸关系的正确认识，成为共同打拼、携手同行的好朋友和好伙伴，更成为两岸关系和平发展的推动者、建设者和维护者，共同为两岸关系的美好未来和中华民族的伟大复兴贡献力量。

中新社记者：有两个问题想请教，首先是俞正声主席在海峡论坛开幕式上提到，高度重视台湾同胞提出的希望在大陆出行更便捷的建议，近期将尽快出台实施办法。想请教一下发言人会有怎样的具体措施？第二个问题，有台媒报道，国民党青工总会将于近日拜会张志军主任，预料将沟通关于国共论坛以及两党领导人会见的议题，想请发言人予以证实并介绍相关情况。

安峰山：对于台湾同胞提出的希望在大陆出行更加便捷的建议，我们高度重视。据了解，民航部门已为北京、上海、广州等34个台胞往来较为集中的机场，配备了近千台可以识读台胞证的自助值机和自助售票的设备。同时铁路部门也正在抓紧解决凭卡式台胞证自助购票和取票的问题。另外，有关部门还将继续研究增加可落地办理一次性台胞证的口岸。

安峰山：您的第二个问题，中国国民党青工总会参访团将于 6 月 20 日至 25 日到大陆参访，中共中央台办主任张志军将会见参访团一行。该团来访的主要内容，是与共青团中央、全国青联和有关省市的青联开展青年工作的交流。

环球网记者：台湾方面陆委会主委张小月在 13 日表示，至今仍然未能与国台办张志军主任进行任何互动，请问发言人能否予以证实？两岸事务主管部门负责人日后还会继续采用两岸热线的方式进行互动吗？

安峰山：双方两岸事务主管部门的联系沟通机制和两会的协商谈判机制都是建立在"九二共识"的共同政治基础上的，只有确认了体现一个中国原则的政治基础，两岸制度化的交往才能得以延续。

福建《海峡导报》记者：日前，在厦门举办的第八届海峡影视季上，《琅琊榜》获评最受台湾民众欢迎的大陆电视剧，如今有越来越多的台湾民众喜欢看大陆的电视剧，您对这种文化现象是怎么样看待的？

安峰山：两岸同文同种，两岸同胞通过各种各样的渠道和途径来增加相互了解，相互交流，是件好事情。

香港中评社记者：我们注意到高雄市今年 9 月将举办港湾城市论坛，陈菊表示说如果大陆愿意，她愿意带团到大陆来邀请一些港湾城市，比如厦门、天津等，请问发言人对此有何看法？

安峰山：大陆和台湾同属一个中国，只有对两岸关系的性质有正确的认知，才有利于双方正常往来。

安峰山：本次发布会到此结束，谢谢大家，我们下次再会。

[**发布时间**] 2016 年 6 月 29 日
[**发 布 人**] 安峰山
[**发布地点**] 国务院台湾事务办公室新闻发布厅

国务院台湾事务办公室
新闻发布会

2016 年 6 月 29 日

6 月 29 日上午 10 时，国台办举行例行新闻发布会。发言人安峰山就近期两岸热点问题回答了记者提问。

新华社记者：我们注意到，发言人日前在 6 月 25 日的应询答问中表示，"两岸联系沟通机制已经停摆"，请发言人说明一下造成这一情况的原因是什么？

安峰山："两岸联系沟通机制"，是指国台办与台湾方面陆委会建立的常态化联系沟通机制、海协会与台湾海基会建立的协商谈判机制。

安峰山：众所周知，2008 以来，两岸关系和平发展取得的丰硕成果，不是从天上掉下来的，国台办与台湾方面陆委会的联系沟通机制、海协会与台湾海基会的协商谈判机制，都是建立在双方均坚持"九二共识"政治基础之上的。

安峰山：在此，我愿意向大家介绍一些具体情况。2008年5月26日，台湾海基会向海协会发来电函，表明"期望贵我两会在'九二共识'的基础上，尽早恢复制度化协商"，在接到来函后，5月29日，海协会复函海基会，表明"我会同意贵会来函意见，尽速在'九二共识'基础上恢复两会联系往来与协商谈判"。双方的往来函件，白纸黑字，历历在目。正是在这样的基础上，6月12日，双方恢复了中断将近十年的两会商谈，才有了两会8年来的11次商谈和23项协议。

安峰山：2014年2月，国台办与台湾方面陆委会负责人在南京会面，决定在"九二共识"政治基础上建立两部门常态化联系沟通机制。张志军主任在会面时特别强调，"九二共识"是两部门常态化联系沟通机制的基础，没有这个基础，这个机制不可能建立；即使建立了，如果基础被破坏，这个机制也会塌下来。台湾方面陆委会2月11日发表的新闻稿也明确表示，"陆委会强调，'九二共识'是两岸制度化协商及互动往来关键核心"。

此后，两部门负责人多次会面互访，双方都强调"九二共识"是继续推进两岸关系的政治基础。

安峰山：这些事实足以说明，"九二共识"是两岸关系和平发展的共同政治基础，也是两岸制度化联系机制得以建立的基础和前提。我要强调的是，大陆方面在此基础上推进两岸制度化交往、维护两岸关系和平发展的立场一直没有改变，态度始终如一。改变这一局面的是台湾方面。台湾新执政当局迄今未承认"九二共识"、认同其核心意涵，动摇了两岸互动的政治基础，导致了国台办与台湾方面陆委会的联系沟通机制、海协会与台湾海基会的协商谈判机制的停摆，责任完全在台湾一方。人们不禁要问：台湾方面为什么要改变2008年以来两岸关系和平发展的现状？其目的何在？

厦门卫视记者：今年"5·20"前后，台湾方面一再表示，尊重1992年两岸两会沟通协商达成若干共同认知与谅解的历史事实，此一历史事实的重点就是"求同存异"。对这种表述，大陆方面为什么不能接受？

安峰山：台湾方面始终在两岸同胞最为关切的两岸关系性质这一根本问题上采取模糊态度，没有明确承认"九二共识"及其核心意涵。一段时间以来，两岸同胞都在问，台湾方面称，尊重1992年两岸两会沟通协商达成的若干共同认知与谅解，所谓的"共同认知"到底是指哪些内容？所谓这一历史事实的重点在于求同存异，"求同存异"的"同"又是什么？台湾方面应该把这些讲清楚、说明白。只有对两岸关系的根本性质、对两岸关系发展的基础做出明确的、正确的表述，两岸的制度化交往才能得以延续。

中新社记者：据报道，"美国在台协会"主席薄瑞光目前表示，大陆决定中止或暂停与台湾方面的交流沟通是一件"不幸"的事，他还提及辜振甫说过的"九二谅解"，认为用"九二谅解"还是"九二共识"哪个说法，是两岸必须解决的问题，请问国台办发言人对此有何评价？

安峰山："九二共识"是 1992 年海协会与台湾海基会就如何表述"海峡两岸均坚持一个中国原则"达成的共识。海基会的表述是："在海峡两岸共同努力谋求国家统一的过程中，双方虽均坚持一个中国的原则，但对于一个中国的涵义，认知各有不同。"海协会的表述是："海峡两岸都坚持一个中国的原则，努力谋求国家统一。但在海峡两岸事务性商谈中，不涉及一个中国的政治涵义。"由此可见，当时双方均表明了"海峡两岸均坚持一个中国原则"的态度。其基本事实和全部过程是十分清楚的、不容置疑的。

安峰山：正是有了 1992 年达成共识的事实，才有 1993 年的汪辜会谈。大家可以查看一下当年海基会出版的《辜汪会谈纪要》。2000 年以后，辜振甫先生多次表示，要重视"九二共识"的历史意义。这也是任何人都否定和歪曲不了的历史事实。

台湾东森电视台：我有两个问题，第一个是"九二共识"的问题，台湾方面新当局可能希望通过海基会换新任董事会之后，由海基会承认"九二共识"，来与大陆方面沟通，请问大陆方面会接受吗？第二个问题，想请教一下，蔡英文在巴拿马活动时用英文署名"President of Taiwan（'ROC'）"，对于这个问题，台湾方面有一些人认为是"法理台独"的做法，大陆方面怎么看？

安峰山：您的第一个问题，关于海基会董事长人选的问题，我在上次发布会时已经做了回答。我们在"九二共识"的基础上推动两岸协商谈判的主张和诚意没有改变。两会协商和联系机制能否得以维系的关键，在于海基会方面能否得到授权，向海协会确认坚持"九二共识"这一体现一个中国原则的政治基础。

安峰山：您的第二个问题，我们一贯以一个中国原则对待台湾对外交往问题，坚决反对任何企图在国际上制造"两个中国"、"一中一台"和"台湾独立"的行径。

中国国际广播电台记者：刚才发言人说到了"两岸联系沟通机制已经停摆"，那么，台北、上海双城论坛和今年的国共论坛会不会受到影响？什么时候会举办？

安峰山：两岸关系和平发展的政治基础和良好局面是应该得到珍惜和维护的。至于您提到的关于沪台的双城论坛，应该由上海市和台北市方面进行沟通。关于国共交流平台运作事宜，双方一直在积极进行沟通。

台湾《旺报》记者：海协会与海基会联系机制已经停摆，但两岸"小两会"，海旅会和台旅会的互动还有待观察，8月中将在花莲举办的观光论坛，海旅会是否会派人参加？

安峰山：我们已经多次讲过，2008年以来两岸关系和平发展之所以能够取得丰硕的成果，都是在双方均坚持"九二共识"这一基础上所取得的。只有确认体现一个中国原则的政治基础，才能确保两岸的制度化交往成果不受影响。我们也会继续努力维护两岸民众的交流交往权益，增进两岸同胞的福祉，维护两岸关系和平发展。至于您问到的具体问题，建议向旅游主管部门咨询。

台湾 TVBS 记者：延续之前的问题，国台办首度证实两岸沟通机制停摆，但是日前台湾方面陆委会表示，希望双方在共同打击犯罪上能打开对话大门，不宜以政治因素阻碍两岸共同打击犯罪合作，请教发言人对此有何回应？

安峰山：有关两岸联系沟通机制的问题，我已经回答得很清楚了。至于两岸共同打击犯罪合作机制，24 日关于柬埔寨向大陆遣回部分两岸的电信诈骗嫌疑犯的问题，公安部门已经发了新闻稿，国台办发言人也就此做了表态。

广东深圳卫视记者：第一个问题，针对蔡英文上台一个多月以来的表现，岛内有一些学者分析说，蔡英文对外是打一张"屈辱牌"，对内是执行"台独"内政，蔡的两岸政策是"反中"而"缓独"，请问发言人对此有何评价？第二个问题，6 月 25 日日本冲绳一公园内建了一座所谓"台湾之塔"纪念碑，纪念二战期间参加日军的台湾人，蔡英文专门为这个碑题字，台湾也有一些政客到场，请问发言人对此有何评价？

安峰山：您的第一个问题，要想确保两岸制度化交往机制和两岸关系和平发展的成果，就要确认体现一个中国原则的政治基础，在这个根本性的问题上，运用两面手法或者在语言和文字上采取模糊态度，都是无济于事的。

安峰山：您的第二个问题，国际社会对第二次世界大战那段历史已经有了明确的结论。台湾民众也是当时日本军国主义侵略战争的受害者。

台湾中天电视台记者：日前台湾方面有人提出希望国共之间先签和平协议，这部分不知是否可行？

安峰山：2005年以来，国共两党在坚持"九二共识"、反对"台独"的共同政治基础上，与两岸同胞一道开创了两岸关系和平发展的崭新局面，推动两岸关系取得了一系列的重要成果。对于两岸之间长期存在的政治分歧问题，我们已经多次明确表示，愿意在一个中国原则的基础上同台湾方面进行协商，探寻解决的办法。

《中国日报》记者：此前有媒体报道称蔡英文在访问巴拿马时，巴拿马总统瓦雷拉先生先是在Facebook上将台湾写成"China（taiwan）"，后来又进行修正，成为"Republic of China（taiwan）"，请问发言人是否知晓此事？大陆方面对此有何回应？

安峰山：大陆方面一直按照一个中国原则处理台湾对外交往问题。我们坚决反对任何势力在国际上搞"台独"分裂活动，或者是搞"两个中国""一中一台"。

香港中评社记者：台湾立法机构近日安排审议"台

湾地区与大陆地区人民关系条例"等"修正草案",初审通过民进党修正动议版本。陆配取得身份证年限仍然维持 6 年不变,又增列需具备"国民权利义务基本常识",对此您如何看待?

安峰山:大陆配偶在台遭遇歧视性待遇,合法权益得不到保障,而且长期得不到解决,其障碍何在,通过这件事情,相信大家会看得更加清楚。这种做法是不得人心的。

环球网记者:现在台湾谁执掌海基会话题不断,王金平、宋楚瑜、许信良等都先后被提及。还有消息说"王金平是北京的黑名单",请问发言人对此有何评论?大陆方面又将如何看待民进党执政下台湾海基会需要扮演的角色?

安峰山:对具体的人选我不做评论。如果要确保两岸制度化交往的成果,海基会需要得到授权,向海协会确认坚持"九二共识"这一体现一个中国原则的政治基础。

安峰山:又到了炎热的暑期了,祝大家暑期愉快,下次再会。

[发布时间] 2016 年 9 月 14 日

[发 布 人] 马晓光

[发布地点] 国务院台湾事务办公室新闻发布厅

国务院台湾事务办公室
新闻发布会

2016 年 9 月 14 日

9 月 14 日上午 10 时，国台办举行例行新闻发布会。发言人马晓光就近期两岸热点问题回答了记者提问。

中央电视台《海峡两岸》记者：民进党执政已经超过了百日，您如何来评论民进党当局的大陆政策以及当前和未来两岸关系的发展？

马晓光：今年 5 月 20 日以来，民进党当局拒不承认"九二共识"、不认同两岸同属一中，单方面破坏两岸共同政治基础，导致两岸制度化交往机制停摆，持续 8 年的两岸关系和平发展良好势头和成果受到严重冲击。两岸同胞特别是台湾民众对两岸关系前景感到担忧。

马晓光：两岸同胞是一家人，是血脉相连的命运共同体。要在认清历史发展趋势中把握两岸关系前途。两岸关系和平发展是维护两岸和平、促进共同发展、造福两岸同胞的正确道路。坚持"九二共识"，坚持体现一个中国原则的共同政治基础，继续走两岸关系和平发展的正确道路，最符合两岸同胞的共同利益。"台独"是没有出路的，任何形式的"台独"分裂行径，都必将遭到全体中华儿女的坚决反对，必然走向彻底失败。在维护国家主权和领土完整这一原则问题上，我们的意志坚如磐石，态度始终如一。

福建《海峡导报》记者：蔡英文日前在金门表示，没有金门"小三通"就没有今天的两岸交流，呼吁两岸从"小三通"历史经验出发，坚持两岸和平往来，搁置争议、存异求同、善意互动，为两岸民众谋求更大的福祉，请问发言人对此有何评论？

马晓光："小三通"只是金门、马祖与福建沿海地区的往来。熟悉这段历史的人都清楚，当年民进党当局是在台湾民众强烈呼吁和金马各界人士的积极争取下，迫于压力不得不同意开放的。两岸双方真正建立互信、良性对话，推动两岸实现全面直接双向"三通"是2008年以后的事情，基础是"九二共识"。历史事实已充分说明，只有坚持"九二共识"这一政治基础及认同两岸同属一中的核心意涵，才能够切实搁置争议、求同存异、良性对话、善意互动，造福两岸同胞。

中新社记者：近期，岛内一些政治势力鼓噪推动台湾加入联合国，请问大陆方面对此持什么态度？

马晓光：联合国是由主权国家组成的国际组织，奉行一个中国政策。台湾是中国的一部分。2008 年之前，李登辉、陈水扁曾操弄"入联"和"入联公投"均遭失败，历史殷鉴不远。"台独"分裂势力企图在联合国问题上做文章，借此挑衅国际社会普遍奉行的一个中国政策是不可能得逞的。

中国国际广播电台记者：近期大陆游客赴台人数大幅下降，在本月 12 日，台湾观光业界人士举行了大游行，对台湾当局表达了忧虑和诉求，请问发言人对此如何评价？

马晓光：众所周知，过去几年大陆居民赴台旅游呈现良好的发展势头。今年 5 月以来，台湾当局拒不承认"九二共识"，导致来之不易的两岸和平发展局面受损，其影响是多方面的。近一段时间大陆居民赴台旅游减少，就是其中的一个反映。我们注意到了，台湾旅游业界日前走上街头，明确表达他们的心声和愿望。造成台湾旅游相关业界利益受损的症结所在，大家是很清楚的，解铃还须系铃人。

台湾 TVBS 记者： 民进党执政以后，确实陆客来台旅游的人数骤减，目前已经有台湾观光旅游协会，赴南京等大城市争取陆客来台，请问发言人对此有何评论？第二个问题，蔡英文邀请了宋楚瑜出席今年的 APEC 领袖会议，传出已遭到大陆方面否决，请问一下发言人是否有此事？

马晓光： 第一个问题，关于大陆游客赴台旅游人数减少，台湾旅游相关业者利益受损的情况，我们已经表明了态度。显然靠所谓"推销"是不能解决根本问题的。还是那句话，解铃还须系铃人。

马晓光： 第二个问题，台湾方面人士出席 APEC 相关活动，应符合 APCE 有关谅解备忘录的规定。

香港中评社、中评网记者： 据报道，近日有"时代力量"和民进党"立委"邀请达赖访台，并称将促其到台立法机构演讲，请问发言人对此有何评论？

马晓光： 众所周知，达赖一直披着宗教外衣进行分裂国家的活动。我们坚决反对达赖以任何形式到台湾活动。台湾某些势力意欲与"藏独"势力沆瀣一气，蓄意制造事端，势必对两岸关系造成严重影响。

福建海峡之声广播电台记者：全国人大常委会日前通过了《中华人民共和国台湾同胞投资保护法》的修正案，请问这对台商在大陆投资有什么样的影响？另外，今后是否还会进一步修改投保法及其实施细则？

马晓光：9月3日，十二届全国人大常委会第22次会议审议通过了《中华人民共和国台湾同胞投资保护法》的修正案。本次修法是按照全国人大常委会授权决定规定的期限和要求进行的专题修改。根据有关规定，对负面清单以外的台资企业设立变更审批事项改为备案管理，也就是说对台资企业实行准入前国民待遇加负面清单管理模式，这将为台湾投资者创造更加公平、稳定、透明的法律环境。届时，对台胞在大陆投资来说，一是开放度更高，投资准入领域更广。凡不涉及负面清单的台商投资，无须审批，只需经过备案即可完成企业设立变更手续。二是便利化程度大幅提升。备案流程大幅精简，办理时限也将大大缩短。随着改革不断深入，《中华人民共和国台湾同胞投资保护法》及其实施细则还将进一步修改完善。

新华社记者：台北故宫博物院前院长冯明珠受邀担任故宫研究院顾问，有人称其触犯了台湾有关规定，呼呼对其展开调查，想请问发言人对此有何评论？

马晓光：显然这是单纯的学术交流。据了解，故宫研究院是故宫博物院设立的学术研究与交流的非建制机构，汇集海内外知名专家学者，共同搭建开放式的高端学术平台。我们尊重两岸文化机构和个人的合作意愿。

台湾《旺报》记者：这个月底国际民航大会即将召开，台湾陆委会曾经表示说希望两岸应该共同协商，也期盼大陆释出善意，请问目前对于台湾参与国际民航大会陆方的态度如何？第二个问题，民进党最近在积极推动所谓"转型正义"，追讨国民党党产，请问国台办对于这样的行为有什么评价？

马晓光：第一个问题，台湾参与国际组织活动的前提是一个中国原则，通过两岸协商做出安排。当前，台湾当局不承认体现一个中国原则的"九二共识"，导致两岸联系沟通机制停摆，使得相关问题无法处理。

马晓光：第二个问题，关于所谓追讨党产的问题，岛内有各种各样的评论。我们密切关注事态的发展。

福建厦门卫视记者：日前，台检方公布了辽宁旅行团严重火灾事件的侦查结果，想请问一下相关赔偿事宜是否启动了？另外，岛内也有舆论认为，这件事不仅严重地冲击了岛内的旅游业，台湾当局在事后的种种作为也是有意对大陆的疏离，请问发言人对此有什么评论？

马晓光：在台湾有关方面公布"7·19"事件调查结果后，我们在第一时间已经做出了表态。显然，这是一起令人发指的恶性刑事案件。这一起恶性刑事案件以及近一段时间以来岛内出现的伤害两岸同胞感情的一些言行，严重影响到大陆居民赴台旅游。下一步，我们将继续敦促台湾有关方面做好遇害者家属的理赔工作，并协助处理好其他后续相关事务。

福建东南卫视记者：9月12号台湾海基会向海协会来函通报人事变动，但是函件当中没有提到"九二共识"，发言人对此做何评价？当前停摆的两岸两会的沟通机制什么时候会有新的进展？

马晓光：当天陈德铭会长已经书面做了回应。9月12日海协会确实收到了海基会的来函，显然，这里面没有"通关密语"，台湾各界都感到非常失望。"九二共识"是绕不过去的，只有台湾当局正式授权海基会向海协会确认坚持"九二共识"这一体现一个中国原则的政治基础，两会协商和联系机制才能够得以延续。

《人民政协报·两岸经合周刊》记者：国台办张志军主任前几天接受采访时，提到今年的两岸经贸文化论坛继续举行，但是在形式上会有一些新的变化。我有两个问题：第一，今年的论坛大概什么时候、在什么地方举办？第二，新的形式是指什么？

马晓光： 第一个问题，国共两党的平台运作以及各层级的交流互动，为推进两党关系和两岸关系和平发展发挥了重要作用。在新的形势下，这一平台可以为保持两岸关系发展的正确方向继续发挥积极作用，所以我们对此高度重视。

马晓光： 有关国共两党平台运作的方式及其具体的事宜，双方仍在沟通，有进一步消息我们会及时发布。

马晓光： 第二个问题，10多年来，国共两党交往平台团结两岸各界人士，促进两岸关系和平发展，内容不断深化，内涵不断丰富，形式也在不断创新。未来将会进一步与时俱进，更加贴近台湾民众，更加契合两岸民众需求。

广东深圳卫视记者： 蔡英文"5·20"就职演讲，国台办曾经讲"这是一份没有完成的答卷"。想请问发言人，大陆方面对于"答卷"有没有给出一个时间期限？

马晓光： 刚才我已经做了回答。两岸关系何去何从，到底要怎么走，是继续走两岸关系和平发展的正确道路，坚持"九二共识"、造福两岸民众，还是与之相反？取决于台湾当局的一念之间。

香港中评社记者：蔡英文昨天在会见即将卸任的"美国在台协会"主席薄瑞光时表示，感谢美国多年来持续对台军售，台湾愿意持续扮演美国在区域内值得信赖的安全伙伴，期待未来强化台美的军事关系。请问发言人对此有何评论？

马晓光：我们历来反对外部势力插手干涉台湾事务，这个立场是一贯的、明确的。我们也愿意奉劝台湾当局，真正维护台海和平、真正对台湾前途有利的选择是，回到两岸关系和平发展的正确道路上来，舍此别无他途。

香港《大公报》、大公网记者：中国国民党4日举行了十九届全党代表大会，党主席洪秀柱提出要深化"九二共识"以及推动商签两岸和平协议，请问大陆方面对此有何回应？国共两党未来是否会就相关的议题做进一步的沟通？

马晓光：刚才我讲了，我们愿意在反对"台独"、坚持"九二共识"的共同政治基础之上，继续保持和发展与国民党的党际交往关系，共同增进互信，深化交流合作。2005年4月29日，国共两党领导人共同发布了"两岸和平发展共同愿景"，在这份文件中就提出，"促进两岸终止敌对状态，达成和平协议"。此后，在很多重要场合，我们多次阐述过态度和主张。只要是有利于两岸同胞和中华民族根本利益的事情，都应该努力推动。

中新社记者：现在两岸制度化协商机制停摆，对于两岸两会之前已经达成的那些协议，执行和落实会不会受到影响呢？

马晓光：当前两岸联系和协商机制已经停摆，既导致了两岸新的协议无法商签，也不可避免地影响到既有协议的执行成效。刚才我讲过，解铃还须系铃人，只有海基会得到授权，向海协会确认坚持"九二共识"这一体现一个中国原则的共同政治基础，两会受权的协商和联系机制才能得以延续。

《团结报》记者：国台办和贸促会日前联合印发了《国台办　贸促会关于进一步推动台资企业利用仲裁方式解决经贸争议的通知》，请您介绍一下这个情况。

马晓光：大家已经关注到我们在国台办政府网站上发布的有关消息。这里我愿再做一个说明。日前，国台办和贸促会联合印发了《国台办　贸促会关于进一步推动台资企业利用仲裁方式解决经贸争议的通知》，要求各级台办和贸促会充分发挥仲裁在台胞权益保护中的作用，主动引导台资企业增强合同意识和仲裁意识，帮助台资企业运用仲裁方式保护自身合法权益，依法维护两岸经贸关系的稳定发展。这是两部门贯彻全面推进依法治国的精神，运用法治方式推进两岸交流合作，依法保护台湾同胞权益的重要举措。

台湾"中央社"记者：过几天有几位台湾的蓝营执政县市的县市长要来北京参访，他们希望大陆方面能够让陆客前往认同"九二共识"的县市去观光，我想请问一下国台办对这个事情有怎么样的看法？

马晓光：我们的态度和主张是一贯的，只要对两岸关系的性质和两岸城市交流的性质有正确的认知，大陆与台湾县市之间的交流就能够顺利开展。

马晓光：明天就是中华民族的传统节日中秋佳节了，在此我代表国台办新闻局向大家致以节日的祝贺，祝大家中秋快乐、阖家幸福，生活和事业都能够兴旺发达！谢谢大家！

[发布时间] 2016 年 9 月 28 日
[发 布 人] 马晓光
[发布地点] 国务院台湾事务办公室新闻发布厅

国务院台湾事务办公室
新闻发布会

2016 年 9 月 28 日

9 月 28 日上午 10 时，国台办在新闻发布厅举行例行新闻发布会。发言人马晓光就近期两岸热点问题回答了记者提问。

新华社记者： 今年"5·20"以来，台湾当局一方面拒不接受"九二共识"，另一方面却一再表示两岸交流不应预设前提，请问对此有何评论？

马晓光： "九二共识"及其体现的一个中国原则，是符合两岸关系法理与现实的客观事实，不是人为附加的前提。这一共识是两岸双方通过沟通协商、求同存异达成的，不是我们单方面强加给台湾的。双方打交道，首先要明确彼此关系的性质。所谓不设前提的要害就是不承认两岸同属一个中国，就是不放弃"两国论""一边一国"的立场。民进党当局单方面破坏两岸共同政治基础，实际上是把他们对共识的否认强加给大陆，这才是为两岸交流互动设置前提。

香港中评社记者：日前台湾县市参访团来访，大陆将采取八方面措施来推动与这8县市的交流合作，请问发言人后续将会如何落实这些措施？这是否意味着大陆对台湾蓝绿阵营采取差异政策？谢谢。

马晓光：前不久，台湾部分县市长参访团来大陆，表示将继续支持"九二共识"，我们给予了积极回应，提出八项措施，以进一步推动大陆有关部门及城市加强与这8县市的交流合作。我们推进两岸各领域交流合作，为两岸同胞谋福祉的决心和诚意不会改变。只要对两岸关系和县市交流的性质有正确认知，愿意为增进两岸同胞福祉和亲情贡献心力，我们都持积极态度。

马晓光：据了解，台湾8县市与大陆有关方面正在筹划安排，计划年内在大陆举办台湾8县市农特产品展销会暨旅游推介会。大陆有关企业也在规划赴8县市考察、洽商采购农产品事宜。

中央电视台记者：10 月 10 日，蔡英文将发表"双十讲话"，有些媒体分析说，在这份讲话中，蔡英文没办法就两岸关系交一份合格的答卷，请问发言人对此如何回应？

马晓光：今年 5 月 20 日以来，持续 8 年的两岸关系和平发展良好势头和成果受到严重冲击，台湾民众的切身利益受到损害。造成这一局面的症结何在，责任何在，大家都很清楚。

马晓光：两岸关系正反两个方面的实践证明，不同的道路选择决定不同的前景。维护两岸关系和平发展的关键在于坚持"九二共识"政治基础。台湾当局领导人无论做何表态，这个坎儿是绕不过去的。

马晓光：我们的对台大政方针是明确的、一贯的。我们将继续坚持"九二共识"政治基础，坚决反对"台独"，坚定维护一个中国原则，进一步扩大两岸同胞交流往来，推进各领域交流合作，构建两岸命运共同体。我们相信，没有任何力量能阻挡两岸关系和平发展和中华民族伟大复兴的历史进程。

福建厦门卫视记者：近期台湾和大陆东南沿海地区频频遭受台风肆虐，请问发言人两岸能否在减灾防灾方面加强相关合作，以应对台风等自然灾害？

马晓光：近来，数次破坏力较大的台风先后影响两岸部分地区，给两岸民众生命财产造成重大损失，对此我们一直予以密切关注，在此向受灾同胞表示诚挚的慰问。据了解，今年"尼伯特""莫兰蒂"台风影响台湾和大陆期间，两岸气象专业人员通过即时通讯软件系统，进行了实时沟通和交流。凡是有利于两岸同胞共同做好气象防灾减灾工作，有利于增进两岸民生福祉的事情，我们都积极支持。

台湾 TVBS 电视台记者：民进党有三位"立委"相继无法拿到港签。"绿委"们认为这是逢"绿"必挡，请问发言人对此如何评论？

马晓光：我们尊重香港特区政府按照《基本法》处理境外人员的入出境事务。

福建《海峡导报》记者：请问目前台资企业在大陆投资经营总体情况如何？在大陆实施"十三五"规划的新形势下，台资企业转型升级有哪些机会？

马晓光：目前，台资企业在大陆的生产经营总体是平稳的。随着大陆不断释放的改革红利和市场空间，台商在大陆的发展总体上呈现出结构转型、技术升级和增资扩股的态势。台商在大陆投资持续增长。

马晓光：根据商务部统计，今年前 8 个月，大陆新增台资项目（不含经第三地转）达 2392 个，同比上升23.93%；实际使用台资 14.91 亿美元，同比增加 33.09%。

马晓光：目前大陆正在实施"十三五"规划，深入推进"一带一路"建设，推进京津冀协同发展、长江经济带、西部大开发，以及振兴东北老工业基地等战略，希望台企的转型升级，与这些战略精准对接，获得更大发展。

国际台记者：台湾方面声称谋求参与国际民航大会是基于对国际航空飞航安全的责任，请问发言人对此有何评论？

马晓光：在台湾方面没有获得邀请参与第 39 届国际民航组织大会这个问题上，民进党当局应该深切反省，为什么 3 年前能参与，今年却不能，而不应对大陆横加指责，误导舆论，甚至以台湾飞航安全作为借口来误导台湾民众。在此我郑重表达，大陆方面始终重视台湾同胞在民航领域的需要，也将继续向台湾方面提供相关资讯。可以说，台湾方面获得国际民航组织标准和建议措施及相关资料的渠道是畅通的，这些信息是完整的、全面的。台湾与世界多个城市通航便利。事实证明，台湾航空安全及与其他地区航空往来，同台湾方面是否参加国际民航大会没有关联。

福建海峡卫视记者：民进党今年建党 30 周年，如何评价该党在台执政对两岸关系的影响？

马晓光：众所周知，民进党长期抱持"台独"党纲，坚持"一边一国"的"台独"分裂主张，破坏两岸关系和平发展政治基础，煽动两岸对抗，阻挠两岸交流，导致 2008 年以来两岸关系和平发展的良好势头和成果受到严重冲击和影响，台湾同胞的切身利益受到损害。可以说，民进党不放弃"台独"，就难以在两岸关系中找到出路。无论是搞激进式的"台独"，还是搞所谓渐进、柔性"台独"，都是注定要失败的。

台湾《旺报》记者：2018 年台湾有一次县市长选举，如果到时候蓝绿县市重新洗牌，是不是目前对 8 县市的八项政策就会有一些调整？第二个问题，台北故宫博物院最近决定移除成龙捐送的 12 兽首复制品，请问国台办如何评价？

马晓光：第一个问题，两岸县市交流的关键是对两岸关系性质和县市交流性质有正确认知，有了这一点，有助于双方的互动和交流合作的开展。

马晓光：关于第二个问题，大家已经注意到，成龙先生方面已经做出了公开回应，表示他们捐赠传达的是"尊重文明、保护文化"的态度。台北故宫博物院是否尊重这样的态度，或者还有别的目的，我想，大家自有公评。

环球网记者："台联党"日前建议，台当局应该邀请达赖喇嘛或者热比娅这样的人访台，并不排除由"台联党"发函邀请，请问发言人对此有何评论？

马晓光：关于邀请达赖和热比娅这样一类人物到台湾活动，对两岸关系可能造成的冲击和危害，我在上次发布上已经讲明了。"台联党"的政治立场、政治本质大家都是很清楚的，他们出此狂言毫不奇怪，关键是台湾执政者不要误判形势，不要被"急独"势力牵着鼻子走。

福建东南卫视记者：台湾8县市长登陆取得丰硕成果，有绿营民代指称这几位县市长是"蓝八奴"卖台，对此发言人有何评论？

马晓光：来访的8位县市长他们已经做了辩驳和澄清。我想，清者自清，浊者自浊。那些往别人身上泼脏水的行为固然反映了这些政治人物的政治本质，同时是依然无法解决台湾民众关心的切身利益问题。

香港凤凰卫视记者：关于台湾要参加国际民航大会，有评论称，如果台湾坚持不承认"九二共识"，会持续影响台湾参与"国际事务方面的空间"，您对此如何评价？

马晓光：毫无疑问，"九二共识"既是两岸关系和平发展的重要政治基础，也是双方建立互信、开展良性互动的重要基础。失去这个基础，双方的互信和两岸关系和平发展方方面面的成果必然会受到影响。

新华社记者：台湾当局前领导人李登辉日前鼓噪推动所谓"宪政改革"，叫嚣让台湾走向"国家正常化"，请问发言人对此有何评价？

马晓光：现在台湾有一句时髦的政治术语叫"装睡的人叫不醒"。我想，李登辉就是沉迷在"台独"迷梦中的那个叫不醒的人。但是，世界发展大势，两岸发展大势，注定了他做的只能是黄粱一梦。如果非要回应的话，我引用唐代诗人杜甫的一句诗："尔曹身与名俱灭，不废江河万古流。"当然，重要的是，两岸同胞可能都没有忘记，在陈水扁当政时期曾通过"宪改""公投"等方式来企图改变台湾作为中国一部分的地位，遭到了可耻的失败。如果有人还想继承李登辉、陈水扁的衣钵，下场不会好，大家可以预见。

福建海峡卫视记者：日前台共创始人同时也是台盟创始人的谢雪红，被岛内一些"台独"组织包装成了"台独"先锋，还立下纪念碑，对此发言人如何评论？

马晓光：大家可能都知道，谢雪红女士也是中国共产党党员，她为反抗日本殖民统治，为实现祖国统一而奋斗的精神是不可磨灭的，也是不容歪曲的。"台独"势力企图做政治文章，误导台湾民众，只能暴露他们心态的扭曲和手法的拙劣。

中央电视台《海峡两岸》记者：9月以来台湾岛内抗议不断，台湾很多民众上街表达了对执政当局的不满，例如旅游业者直接喊出了要"九二共识"，要工作、要生存，这是否可以理解为民意对台湾当局的施压呢？请问发言人对此有什么样的看法？

马晓光：我想，一句话，这些台湾普通民众，各行各业顾生计的业者，他们走向街头表达自己的心声和不满，实际上已经在用脚来对台湾当局两岸政策进行投票。

马晓光：发布会到此结束，谢谢大家光临。

[发布时间] 2016 年 10 月 12 日
[发 布 人] 安峰山
[发布地点] 国务院台湾事务办公室新闻发布厅

国务院台湾事务办公室
新闻发布会

2016 年 10 月 12 日

10 月 12 日上午 10 时，国台办在新闻发布厅举行例行新闻发布会。发言人安峰山就近期两岸热点问题回答了记者提问。

福建厦门卫视记者： 此前张志军主任和发言人都曾经讲过，国共两党的交流互动将会有新的形式，请问发言人在这方面是不是有进一步的消息了？两岸经贸文化论坛今年是否还会举办？

安峰山： 自 2006 年以来，国共两党有关方面共同主办的两岸经贸文化论坛已经成功举办了 10 届，是国共两党交流对话的一个重要平台，为促进两岸关系和平发展发挥了重要作用。

安峰山：在两岸关系新形势下，经两党有关方面协商决定，今年将共同支持两岸多个民间团体，共同主办"两岸和平发展论坛"。据了解，这次论坛将于 11 月 2 日至 3 日在北京举行。预计届时将有来自两岸的社会各界代表性人士、社会精英、社团负责人等，约 200 人出席论坛，围绕两岸关系发展中的重要问题，分政治、经济、文化、社会、青年 5 个小组进行专题研讨，开展交流对话。希望两岸各界有识之士在这个论坛上，为两岸关系发展积极建言献策，多提出建设性意见和建议。也希望记者朋友们踊跃报名采访。

安峰山：此外，国共两党有关方面还会就两党其他交流活动保持沟通。

福建海峡之声广播电台记者：请问国共两党近期还有哪些互动情况？除了刚才介绍的和平发展论坛之外，国民党方面还会组团来访吗？

安峰山：国共两党平台运作及各层级的交流互动，为推进两党关系和两岸关系和平发展发挥了重要作用。在新形势下，国共两党将继续在坚持"九二共识"、反对"台独"的共同政治基础上保持联系沟通，加强交流互动，为维护两岸关系和平发展和台海和平稳定，为维护两岸同胞利益福祉继续发挥积极作用。

安峰山：至于你提到的中国国民党访问团的来访事宜，双方有关方面还在沟通中，有确定消息将及时公布。

新华社记者：蔡英文在"5·20"就职演说中发表了关于两岸关系的论述，国台办曾经有过评论说这是一份未完成的答卷。在刚刚过去的"双十"，蔡英文就两岸关系又有了新的论述，请问关于这个论述，您认为她这个答卷完成了吗？如果是完成了，请问您能给多少分？

安峰山：10月10日，国台办发言人已就此表明了我们的立场和态度。导致两岸制度化交往机制停摆，导致两岸关系和平发展的良好势头受阻，导致两岸关系和平发展方方面面的成果受到冲击，导致两岸同胞特别是台湾同胞切身利益受到损害的原因和责任何在，大家都很清楚。

安峰山：两岸关系和平发展是维护两岸和平、促进共同发展、造福两岸同胞的一条正确道路。要维护两岸关系和平发展，关键就在于坚持"九二共识"的共同政治基础。在两岸关系和平发展政治基础和两岸关系性质这个根本性问题上没有任何模糊的空间，也是一道不管如何花言巧语还是拖延塞责都躲不开的"必答题"。

台湾 TVBS 记者： 亲民党主席宋楚瑜拟代表蔡英文出席下个月在秘鲁举行的 APEC 会议，但现在有大陆的学者认为这不符合谅解备忘录的规定，可能无法成行。不知国台办对此有何评论？

安峰山： 关于这个问题，我们的立场已经说得很清楚了，台湾方面人士出席 APEC 的相关活动，应该符合 APEC 有关谅解备忘录的规定。

中国国际广播电台记者： 据台媒报道，蔡英文日前在接受日本媒体专访时表示，不排除月内举行台日海洋事务合作对话，并将讨论"冲之鸟礁争议"，请问发言人对此如何看待？

安峰山： 我们对台湾对外交往问题的立场和态度是一贯的、明确的。至于"冲之鸟礁"问题，外交部已就此表明了我们的立场。

台湾中天记者： 您刚才提到两岸和平发展论坛，在这个论坛期间，习近平总书记和洪秀柱主席会安排会面吗？

安峰山： 据了解，目前论坛的具体日程还在安排之中。

中新社记者： 现在台湾当局不承认"九二共识"，对于蔡英文称会尊重 1992 年两岸两会会谈的历史事实这样的表述，有何评论？

安峰山：实际上刚才我在回答前一个问题的时候已经表明，"九二共识"是维护两岸关系和平发展的基石。是否接受"九二共识"，能否对两岸关系的性质做出正确的认知，是检验台湾当局领导人所谓"善意"的试金石。在事关两岸关系前途和同胞命运的重大问题上，台湾当局应该以实际行动来做出回答，同时也要接受历史和人民的检验。善意是要做出来的，不是靠说出来的。

《人民政协报·两岸经合周刊》记者：蔡英文在"双十"活动上提出正视台湾所谓"政权"的存在，这是民进党领导人首次提出这个问题。但是两岸舆论认为，没有"九二共识"基础，事实上这是公开表明她的"一边一国、两个中国"的"两国论"思想，对此发言人做何评价？

安峰山：我们在两岸关系上的立场是非常明确的。两岸虽然尚未统一，但大陆和台湾同属一个中国，两岸不是"国与国"的关系。至于两岸间长期存在的一些政治分歧，我们的立场是不希望一代一代地拖下去，应该在一个中国原则下，通过两岸协商来做出处理。

福建《海峡导报》记者：台湾立法机构内所谓的"台湾国会西藏连线"7日成立，该组织由"时代力量"

林昶佐担任会长，请问发言人对此做何评价？

安峰山：我们的有关立场是非常明确的。岛内有些顽固坚持"台独"分裂立场，以大陆为敌的政治势力，意欲与"藏独"势力合流，蓄意制造事端，势必对两岸关系造成损害。

中央电视台记者：大陆的篮球明星姚明最近到访台湾受到岛内青年的追捧，有媒体说这次的访问是建立在上海、台北"双城论坛"机制化交流平台之上的，请问发言人对此做何评价？

安峰山：据了解，姚明此次赴台是参加上海市与台北市共同举办的"海峡杯篮球邀请赛"，这是一次单纯的体育交流活动。

台湾《旺报》记者：上海台办主任日前到苗栗县拜访了苗栗县长，请问接下来大陆其他省市的台办是不是也会到台湾的蓝营县市做拜访和交流？

安峰山：我们积极支持两岸各领域交流合作的态度和诚意没有改变，至于具体的交流活动，可以向有关的省市方面了解。

广东深圳卫视记者：第一个问题，请问台湾目前正在积极申请参加今年的国际刑警组织大会，请问大陆方面对此是怎样的一个态度？第二，刚刚过去的国庆假期期间，大陆赴台游的人数出现了骤减，请问发言人怎么看？

安峰山：第一个问题，台湾问题是中国的内政。我们一贯坚持以一个中国原则来处理台湾对外交往和参加国际组织活动的问题，坚决反对外国势力插手。

安峰山：第二个问题，我们几次发布会都做出了回答，造成大陆游客赴台旅游人数减少和台湾旅游相关业界利益受损的原因何在，大家都非常清楚。

台湾《联合报》记者："双十"谈话之后，大陆的舆论提到说蔡英文已经失去了避免与大陆对抗的机会，不知道您如何评价未来的两岸关系？因为有大陆学者说，现在是进入了"冷对抗"的时期，不知道您是不是同意这种看法？除了"冷对抗"之外，您觉得未来两岸有没有机会重启协商大门，坐下来谈？

安峰山：我们讲过，不同的道路选择会决定不同的前景，是要维护体现一个中国原则的"九二共识"这一政治基础，还是推行"两国论""一边一国"的"台独"分裂主张？是要继续走两岸关系和平发展之路，还是要重新挑起两岸的紧张和动荡？是要去增进两岸同胞的感情和福祉，还是要损害同胞的根本利益，去切断两岸的感情连接？这些都是事关两岸关系前途和同胞命运的大是大非问题，必须做出正确的选择。两岸关系何去何从，都在于台湾当局领导人的一念之间。

中国台湾网记者： 华语词坛泰斗庄奴先生 11 号逝世，庄老先生是台湾人，也是重庆女婿，一生留下 3 千余首脍炙人口的歌词，请问发言人如何评价庄老先生在促进两岸音乐、文化交流方面发挥的作用呢？

安峰山： 庄奴老先生是闻名两岸的词界泰斗，他一生创作了几千首脍炙人口的华语歌曲，在华人世界广为传唱。像我们都会唱的《小城故事》《甜蜜蜜》《垄上行》，这些大家恐怕都耳熟能详。人已逝，歌永存，我们希望老人家一路走好。

福建海峡卫视记者： 第一个问题，台湾陆委会日前针对蔡英文演说表示，希望大陆方面再一次认真思考，不需要有无谓的疑虑、猜忌，更不要误判形势，如何评价这些言论？第二个问题，有消息说蔡英文当局上任后的第一次两岸通讯产业搭桥会议已经被叫停了，请发言人给予证实。

安峰山： 第一个问题，我们的立场已经讲得很清楚了。实现国家统一是中华民族走向伟大复兴的历史必然，不要误判形势，误入"台独"分裂邪路的恰恰是台湾当局。

安峰山：第二个问题，据了解，近期将要举行的是两岸通讯交流研讨会。这是两岸行业协会举办的民间交流活动，不是搭桥会议。另外，这次活动是台湾方面提出不再举办的。

中央电视台记者：针对蔡英文10日演讲的内容，美国国防部官员表示两岸和平与稳定符合美国的长远利益，重要的是台海两岸朝向持续和平与稳定的共同目标而努力。美国的表态并未给蔡英文以明确的支持，请问发言人怎么看待这个问题？

安峰山：我们对当前两岸关系的立场和态度已经讲得非常清楚。希望美国方面继续恪守一个中国政策和中美三个联合公报所做出的承诺，妥善处理涉台问题。

香港《大公报》记者：距离孙中山先生诞辰150周年纪念日还有整整一个月，在两岸关系当前形势下，请问发言人大陆是否有计划邀请台湾方面人士或者与台湾方面共同举办相关的纪念活动？

安峰山：关于这个问题，上次发布会上已经做出了回答。今年11月12日是中山先生150周年诞辰的纪念日，届时大陆会举办一系列纪念活动，也欢迎台湾同胞参与。

香港中评社记者：有位岛内"独派"人士在一场研

讨会上表示，维持现状、不接受"九二共识"就表示台湾不是中国的一部分，从逻辑上推理说也是"台湾独立"，请问发言人对此做何评论？

安峰山：我想，对这个问题应该做出回答的是台湾当局领导人自己，她所谓的"维持现状"到底是维持什么样的现状。

中央电视台记者：想延续刚才大陆居民赴台游的问题，最近台湾陆委会方面表示说大陆赴台观光如果区别蓝绿的话会激化两岸人民的对立，请问发言人对此做何评价？

安峰山：关于大陆有关方面与台湾部分县市进行交流合作，我们已经通过多个场合表明了态度，也做出了说明。我们的态度是非常明确的，就是不管台湾哪个县市，只要对两岸关系的性质、对两岸县市交流的性质有正确认知，我们都持积极的态度。至于台湾方面讲到的所谓"政治性观光"，这种说法是十分荒谬的，不值一驳。

《人民政协报·两岸经合周刊》记者：蔡英文多次提到，台湾方面不会屈服于大陆的压力。但两岸舆论认为，这体现了她打"悲情牌"，借机煽动、挑动台湾仇视大陆的情绪，请问发言人对此做何评价？

安峰山：对台湾当局领导人近期的一系列有关两岸关系的讲话，岛内有些分析说得很有道理，就是她的"四不一没有"，"四不"是虚，只是说给不同的对象、不同的听众听的。但是"一没有"是事实，那就是并没有接受"九二共识"。我们明确讲，"九二共识"是两岸关系和平发展基石。

安峰山：谢谢大家。发布会到此结束。下次再见。

[**发布时间**] 2016 年 10 月 26 日
[**发 布 人**] 安峰山
[**发布地点**] 国务院台湾事务办公室新闻发布厅

国务院台湾事务办公室
新闻发布会

2016 年 10 月 26 日

10 月 26 日上午 10 时，国台办在新闻发布厅举行例行新闻发布会。发言人安峰山就近期两岸热点问题回答了记者提问。

新华社记者：中国国民党主席洪秀柱即将访问大陆，按照惯例，国共两党领导人应该会见面，并且就两岸关系发表看法，请问发言人对此有何评论？

安峰山：国共两党领导人会面已行之有年。2005 年，在两岸关系面临道路选择的关键时刻，国共两党领导人实现了历史性会面，双方确认了坚持"九二共识"、反对

"台独"的共同政治基础，为两岸关系指出一条光明大道，同时也达成了建立两党定期沟通平台的共识。自此，国共两党一直保持高层互动，为推动开创两岸关系和平发展道路做出了积极贡献。在当前两岸关系形势下，国共两党领导人会面，继续保持两党高层互动，巩固共同政治基础，对维护两岸关系和平发展与台海和平稳定、维护两岸同胞利益福祉具有重大积极意义。

中央电视台记者：洪秀柱这次来大陆的一个主要行程就是来参加11月2日至3日在北京举办的两岸和平发展论坛，请您介绍一下现在论坛具体的筹备情况怎么样，包含的议程和议题都有哪些？

安峰山：两岸和平发展论坛将于11月2日至3日在北京举行。本届论坛由两岸20家民间团体共同主办。其中大陆方面主办单位有：海峡两岸关系研究中心、全国台湾研究会、中国工业经济联合会、中国生产力促进中心协会、中华文化联谊会、中国文化院、中国社会工作联合会、中国高等教育学会、中华全国青年联合会、中国青年企业家协会；台湾方面主办单位有："国政"研究基金会、二十一世纪基金会、工商建设研究会、台湾上市柜公司协会、台湾电视剧制作产业联合总会、台湾"中华出版基金会"、台湾总工会、台湾农会、青年发展基金会、海峡两岸公共事务协会。据了解，截至目前，已经有240多位两岸各界精英、社团负责人报名出席论坛，有超过280位媒体记者报名到会采访。论坛各项筹备工作进展顺利。

福建厦门卫视记者：请您介绍一下两岸企业家峰会的筹备情况。

安峰山：两岸企业家峰会是两岸企业界、经济界就宏观经济、产业发展形势开展交流研讨，促进企业对接合作的非常重要的民间性交流平台。据了解，今年的峰会年会将于11月6日至7日在金门、厦门举办，届时将在金门举行开幕式及主题演讲，在厦门举行专题论坛及闭幕式。本届年会以"企业创新合作、产业融合发展"为主题，设立7场产业合作推进小组专题论坛，将就两岸有关产业领域合作、中小企业交流和青年就业创业进行深入研讨。与会嘉宾包括两岸产业界知名企业家和专家学者，以及中小企业代表和青年创业者。希望两岸业界通过峰会平台，持续推动创新合作、青年就业创业，共享经验，共谋发展。

福建海峡之声广播电台记者：被海盗劫持的阿曼籍台湾NAHAM3号渔船上的两岸船员都已经获救了，这件事情也受到了两岸民众的关切，据我们了解，海协会在这其中发挥了非常积极的作用，请发言人介绍一下相关情况。

安峰山：24日，国台办发言人已就此介绍了初步情况。2012年3月26日，该渔船在亚丁湾海域遭索马里海盗劫持后，大陆有关方面高度重视，积极展开营救工作。海协会多次致函台湾海基会，核实船员信息、转达家属诉求、要求台有关方面敦促船东采取有效措施处理营救事宜，但未获积极配合。

安峰山：生命无价，人间有情。尽管劫持事件发生在万里之外，资讯信息不畅，沟通渠道缺乏，致使营救工作困难重重，但中国政府没有放弃对每一个公民的保护义务，为救出被劫船员付出了巨大努力。根据有关方面授权并受两岸渔工家属委托，海协会积极开展工作，配合外交部等有关方面和国际机构加强沟通、通力合作。经过长达4年多艰苦斡旋，最终使26名幸存船员成功获救。

安峰山：25日晨，获救大陆船员和台湾船员在外交部和海协会人员组成的工作组陪同下顺利抵返广州。26日，台湾船员沈瑞章离穗返台。沈瑞章及家人对大陆方面的全力解救和妥善照护表示真诚感谢。

台湾东森电视台记者：洪秀柱日前跟前国民党主席

马英九餐会时，针对"九二共识、一中各表"、"九二共识、一中同表"这样一个议题好像有一些争执，请问大陆对于所谓的"一中各表""一中同表"有什么看法？对国民党内部这样一些问题有什么想法？

安峰山：2008 年以来，国共两党和两岸双方推动两岸关系和平发展，开创了一个崭新的局面，同时也取得了一系列重要成果。这些成果的取得，关键在于双方确立了坚持"九二共识"、反对"台独"的共同政治基础，而这个基础的核心就在于双方都认同大陆和台湾同属一个中国。所以我们也希望，国共两党在这样一个基础之上，能够继续增进互信，保持善意的沟通和良性互动，维护台海局势和平稳定和两岸关系和平发展，继续为增进两岸民众福祉共同努力。

中新社记者：台湾准"司法院长"许宗力日前称，两岸是"特殊国与国关系"，在岛内引发争议，请问发言人对此有何评论？

安峰山：有关两岸关系，我们的立场非常明确。台湾是中国神圣领土不可分割的一部分，从来就不是"一个国家"，这是两岸关系的基本事实和法理基础，为国际社会所公认，这一点从未改变，也不可能改变。

安峰山：大陆和台湾同属一个中国，"两国论"的谬论早已遭到了两岸同胞和国际社会的共同唾弃。历史已经证明并将继续证明，任何人、任何势力企图以任何形式推行所谓的"法理台独"，都是不可能得逞的。

台湾 TVBS 电视台记者：日前有一位台湾女艺人陈艾琳到大陆拍戏，结果被大陆网友发现她之前曾经说过"台湾是我的国家，没有赚人民币也无所谓"等言论，结果她被换角了，请问发言人对此有何评论？

安峰山：我们已经多次重申过，我们支持和鼓励两岸文化交流的立场和态度是明确的，也是一贯的。同时，我们坚决反对任何形式的"台独"分裂的立场也是坚定不移的。

中央电视台《海峡两岸》记者：在当前两岸关系形势下，两岸民间的交流交往还是比较密切的，各地也在举办两岸经贸交流活动，请您介绍一下相关的情况。

安峰山：两岸经贸交流合作有利于增进两岸同胞利益福祉。近一段时期以来，两岸经贸交流活动依然热络。津台会、鲁台会、浙江台湾周、赣台会、重庆台湾周、皖台投资合作对接会、江苏淮安台商论坛等已相继举办，包括台湾工商团体和企业负责人、青年和基层民众代表等在内的两岸社会各界踊跃参与，并达成了许多具体成果，反映了两岸同胞要求持续开展交流合作的强烈愿望和参与热情。

安峰山：另据了解，北京、四川、湖北、湖南等地也将于近期举办两岸经贸交流活动。其中，第十三届湖北"武汉·台湾周"将于 11 月 14 日至 18 日在武汉、襄阳、宜昌、神农架林区等多地举行。届时，台湾青年、妇女、工会及基层民众代表，台湾社会团体和工商企业负责人，两岸专家、学者等近 1000 人将参加共计 18 场活动。其间，首届海峡两岸青年东湖论坛将有近 400 位两岸青年代表、创业创新成功人士，以及青年团体、大学生代表，围绕创业创新、实习就业、共同发展等主题进行沟通交流。

安峰山：此外，第九届海峡两岸（厦门）文化产业博览交易会将于 11 月 4 日至 7 日在厦门举办。届时将以"突出两岸、突出产业、突出投资、突出交易"为宗旨，举办博览交易会、论坛及对接会、评奖颁奖等多种形式的活动。

台湾《旺报》记者：第一个问题，台湾"原民会"日前指出，在杭州文博会期间由于主办方要求拆除机关全衔，因而退出了活动，这件事情会对两岸交流造成冲击吗？第二个问题，未来大陆学生在台湾可以纳入"全民健保"，但是必须要比照"侨生"和"外生"缴全额保费，大陆方面认为这是一项善意吗？

安峰山：第一个问题，据了解，这次会议的主办方已经就此事做出了说明，岛内的相关媒体已就主办方的说明做了相关报道。杭州文化创意产业博览会的两岸文创精品展，自从两岸合作举办以来，双方一直是以民间交流形式来参与的。今年因为台湾的参展方在布展时，违反了多年达成的这种民间交流的默契，出现了所谓的"官方标识"和"机构名称"，与展会的一贯做法不符。展会的主办方跟台湾的参展方经过多次沟通未果后，移除了相关的标识。我们欢迎和支持两岸民间各界开展交流合作，也希望类似的事情不要再度发生。

安峰山：第二个问题，关于陆生纳健保问题。有关大陆学生在台湾遭受的那些歧视性政策，此前我们国台办的发布会上已经多次就相关问题表明立场态度。我们也注意到，台湾方面在改善大陆学生在台医疗条件方面所采取的措施，希望台湾方面能够进一步取消涉及陆生权益的歧视性政策。另外，我也要指出，在大陆高校就读的台湾学生，从 2013 年 9 月起，就已经纳入了大陆城镇居民基本医疗保险范围，与当地的大陆学生享受同样的基本医疗保险待遇。

福建东南卫视记者：昨天是台湾光复节，每年岛内都会举办纪念活动，但是有绿营的民代日前提议明年删除相关活动的预算，请问发言人对此有何评论？

安峰山：今年是中国人民抗日战争胜利 71 周年，也是台湾光复回归祖国 71 周年。台湾同胞的抗日斗争是全民族抗战的一个重要组成部分，台湾光复是包括台湾同胞在内的全体中华儿女共同奋斗的胜利成果。台湾光复的历史证明，尽管两岸同胞经历过各种各样的艰难困苦和隔绝分离，但是没有任何力量能够把两岸分离开来，因为我们是一家人。预算可以删除，但是这段历史是抹不掉的。

广东深圳卫视记者：第一，针对洪秀柱即将访问大陆，台湾陆委会表示，两岸交流应该不设政治前提，要依据两岸条例的规定，透过既有的机制、正常的沟通对话才能够保障双方民众的权利和福祉，请问发言人对此有何评价？第二，蔡英文昨天在会见新任"美国在台协会"理事主席莫健的时候表示，希望美国能够支持台湾深入地参与"国际事务"。莫健则说未来美国希望台湾能够在区域中扮演更为重要的角色，请问发言人对此有何评论？

安峰山：第一个问题，什么叫"预设前提"？什么叫"既有的机制"？实际上大家都十分清楚。正是因为台湾当局单方面破坏了两岸关系的共同政治基础，把他们对"九二共识"的否认强加给大陆，为两岸的交流交往设置了前提，设置了障碍，从而导致了两岸既有的联系沟通机制停摆。因此只有承认"九二共识"，认同两岸同属一中的核心意涵，两岸才能在既有的机制下善意沟通，良性互动，共同造福两岸同胞。

安峰山：第二个问题，我们对台湾对外交往问题的态度是非常明确的。台湾问题是中美关系中最重要、最敏感的问题。我们希望美方能够恪守坚持一个中国政策和中美三个联合公报原则的相关承诺，反对"台独"，妥善处理涉台问题。

《人民政协报·两岸经合周刊》记者：有消息说，亲民党本次没有受邀参加将于下周召开的两岸和平发展论坛，有台湾媒体借此炒作亲民党与大陆的关系，请发言人介绍相关情况。

安峰山：我刚才介绍了，本次两岸和平发展论坛，是由多家两岸民间团体共同举办的。台湾方面与会嘉宾的邀请，是由台湾的主办单位负责的，具体情况可以向他们了解。

香港中评社记者：刚才您讲到了厦门和金门即将举办的企业家峰会，日前我们也注意到金门县长陈福海表示，金门没有"台独"，是"九二共识"最佳实践场，同时也希望推动跟厦门的合作，请问发言人对这一言论有何评价？

安峰山：我们乐见并积极支持金门与厦门、与福建方面开展人员交流和各领域合作，共同为两岸民生福祉做出努力。

福建《海峡导报》记者：大陆有一家台湾研究机构日前表示，大陆方面对民进党当局的新立场是"守住底线、施加压力、展现善意"12字方针，请问发言人对此有何评论？

安峰山：我们注意到，近期有不少专家学者出于关心两岸关系的发展，发表了一些个人观点。我们已经多次强调，我们对台的大政方针是明确的、一贯的，不因台湾政局的变化而改变。我们维护国家主权和领土完整的意志坚如磐石，坚持体现一个中国原则"九二共识"的共同政治基础的态度不会改变，反对任何形式的"台独"分裂活动的立场也是坚定不移的。

香港凤凰卫视记者：请问发言人，关于香港的两位青年候任议员，他们在宣誓中涉及一些辱华的言辞，之后台湾方面表示了关切。随后这两个人又到台湾的大学获邀进行演讲，并讲到了一些关于"港独"的问题，对这方面发言人做何评论？

安峰山：24 日国台办发言人已经就此表明了我们的态度。我们对岛内那些顽固坚持"台独"的势力与"港独"分子相互勾结，妄图分裂国家的行为，表示坚决反对。

中国国际广播电台记者：国台办已经授牌设置了几十家两岸青创基地和示范点，日前我们看到台湾青年创业驿站也在北京挂牌成立了，请问发言人在推动两岸青年创业方面，接下来还将有哪些新的举措？

安峰山：近年来，在大陆"大众创业万众创新"的创业大潮中，各式各样的两岸青年创业平台应运而生，我想这对两岸来说是双赢、多赢的好事情。国台办推动在各地设立的青年创业基地和青年创业就业示范点，主要目的也是为了鼓励两岸青年就业创业、共同发展，来打造更好的平台，同时摸索更好的经验。我们今后也会继续为两岸青年就业创业和共同发展来创造更加良好的环境，力求达到双赢的目的。

中央电视台《海峡两岸》记者：目前有消息称，台湾将在太平岛设预警雷达，将来可能会把情报和美国分享，对此发言人有何评价？

安峰山：我们对南海问题的基本立场是非常清楚的，

过去也多次做过说明。如果岛内有些人图谋采取挟洋自重的方式来进行两岸对抗，对两岸和平稳定将带来不利影响。我们希望台湾方面能够摒弃这种"台独"和敌对的思维，回到"九二共识"的立场上来，共同维护两岸和平稳定，造福两岸同胞。

香港电台记者：有关香港候任议员的问题，他们到台湾出席交流活动，跟"台独"和"港独"的关系体现在哪？请做评价。

安峰山：他们到岛内所参与的活动，以及在活动现场所发表的言论，大家都看得很清楚。所以，我们对这种"港独"和"台独"合流的做法是坚决反对的。

安峰山：谢谢大家，今天的发布会到此结束。

[发布时间] 2016 年 11 月 16 日
[发 布 人] 马晓光
[发布地点] 国务院台湾事务办公室新闻发布厅

国务院台湾事务办公室
新闻发布会

2016 年 11 月 16 日

11 月 16 日上午 10 时，国台办在新闻发布厅举行例行新闻发布会。发言人马晓光就近期两岸热点问题回答了记者提问。

新华社记者： 11 月 1 日习近平总书记会见了来访的中国国民党主席洪秀柱一行，这次会面受到了两岸各界的广泛关注，请发言人介绍一下此次会面的重要意义。

马晓光： 习近平总书记会见洪秀柱主席率领的中国国民党访问团一行，是在两岸关系面临复杂严峻形势下，国共两党领导人的一次重要会面，对于两党交往和两岸关系发展具有重要意义。

马晓光：两党领导人在会面中就推动两岸关系发展交换意见，充分肯定两党对两岸关系和平发展的历史贡献，再次明确坚持"九二共识"、反对"台独"的共同政治基础。一致认为，国共两党应继续巩固这一基础，增进政治互信，维护两岸关系和平发展与台海和平稳定。进一步发挥两党交流沟通机制的作用，推进两岸经济、文化、社会等各领域的交流合作，增进两岸同胞的亲情和福祉。这次会面受到两岸同胞和国际社会的普遍关注，对新形势下推进国共两党关系，引领两岸关系发展，产生了积极影响。

中央电视台《海峡两岸》记者：很多舆论认为，日前举行的两岸和平发展论坛是为两岸的精英交流提供了一个很好的平台，请问发言人对此怎么看？

马晓光：由两岸 20 家民间团体共同主办的两岸和平发展论坛于 11 月 2 日至 3 日在北京成功举办。中共中央政治局常委、全国政协主席俞正声会见了部分与会代表和论坛主办单位负责人。240 多位两岸各界精英、社团负责人出席论坛，围绕两岸关系发展中的重要问题，积极开展交流对话，建言献策，集思广益，反映了两岸同胞坚持两岸关系和平发展正确方向的共同心声。论坛闭幕式上，发布了一批大陆有关单位和地方规划的 2017 年两岸重要交流活动与合作项目，面向台湾各界公开接受报名，产生了良好反响。

马晓光：对于论坛上提出的建设性意见和建议，我们将会同有关方面积极推动落实。

香港中评社记者：我们注意到，针对大陆举行纪念孙中山诞辰 150 周年活动，台湾陆委会表示，孙中山先生创建了"中华民国"，大陆举办纪念孙中山有关活动要"忠于史实"，请问发言人对此有何评论？

马晓光：孙中山先生是伟大的民族英雄、伟大的爱国主义者、中国民主革命的伟大先驱，为全体中华儿女所敬仰。在新的历史条件下，两岸同胞要继承中山先生矢志追求国家统一和中华振兴的伟大精神，共同维护两岸关系和平发展，携手实现中华民族伟大复兴。这才是对中山先生最好的纪念。

马晓光：至于说到"忠于史实"，两岸同胞看得很清楚，是谁背弃了孙中山思想的核心价值，是谁在政治、社会、文化领域大搞"去孙中山化"，是谁违背孙中山遗教，纵容岛内分裂国家、分裂民族的言行？一方面不认同孙中山、不纪念孙中山，另一方面又对纪念孙中山活动说三道四，真是滑天下之大稽。

福建厦门卫视记者：日前在金门、厦门举行的两岸企业家峰会2016年会颇具特色，想请问发言人对峰会取得的成果有怎样的评论？

马晓光：2016年两岸企业家峰会年会于11月6日在金门开幕，11月7日在厦门闭幕。中共中央政治局常委、全国政协主席俞正声赴厦门出席大会并致辞。两岸900多位企业界人士踊跃与会，各位记者也积极参与了采访。与会者围绕"企业创新合作，产业融合发展"主题进行深入讨论，达成多项共识，签署16项合作协议和合作备忘录。会后发布共同新闻稿，呼吁两岸企业家携起手来，加强两岸企业沟通交流，大力推进两岸企业创新合作、两岸经济融合发展，谋求双方企业的共同利益和两岸民众的长远福祉。相信峰会各项成果的落实，将对促进两岸经济社会融合发展发挥积极作用。

广东深圳卫视记者：第一个问题，据报道，蔡英文日前出席了"纪念台籍老兵"的活动，因为台籍老兵包括了二战期间的台籍日本兵，此举引发了很多的质疑，请问发言人对此有何评论？第二个问题，宋楚瑜称，这一次出席亚太经合会议，和大陆领导人有自然互动的机会。但是，外界认为他此行象征意义是大于实际意义的，请问发言人对此有何评论？

马晓光：第一个问题，关于第二次世界大战的历史早有定论。发动侵华战争、太平洋战争的日本侵略者的罪行，已经被钉在了历史的耻辱柱上。那些在日本殖民统治下被迫参与侵略战争的"台籍士兵"也是日本军国主义的受害者。更需要指出的是，评价历史中的正义与非正义、侵略与反侵略、殖民与反殖民的价值标准不容混淆，更不容否定。任何坚持"台独"史观、罔顾历史事实、企图美化日本对台湾殖民统治、企图为日本军国主义者侵略罪行辩解的言论，都必将遭到两岸同胞的一致谴责。

马晓光：第二个问题，坚持"九二共识"是两岸关系和平稳定发展的基础，也是两岸双方开展良性互动的基础。台湾当局不承认"九二共识"这一体现一个中国原则的政治基础，两岸双方就不可能进行实质意义上的良性互动。至于台湾方面人士参加 APEC 会议，我们已经多次讲过，必须符合一个中国原则和有关谅解备忘录的规定。

福建东南卫视记者：司法部近日宣布，进一步放宽获得大陆律师执业证书的台湾居民在大陆从事民事诉讼代理的业务范围，请问这对服务两岸同胞有什么样的意义？

马晓光：近日，司法部决定扩大取得大陆法律职业资格并获得大陆律师执业证书的台湾居民，在大陆从事涉及台湾居民、法人的民事诉讼代理业务范围。在 2008 年已开放涉台婚姻、继承诉讼业务基础上，新增涉台合同纠纷、知识产权纠纷、与公司、证券、保险、票据等有关的民事诉讼以及与上述案件相关的适用特殊程序的案件，开放范围扩大至五大类 237 种民事案件。有关具体情况，司法部 11 月 14 日已发布新闻稿予以说明，请大家参阅。这次进一步扩大开放，是大陆方面秉持"两岸一家亲"理念对台湾同胞诉求的积极回应。我们相信，此举将有利于台湾法律界人士进一步参与两岸有关法律事务的服务市场，融入大陆法治发展进程，服务台湾同胞。

台湾《旺报》记者：宋楚瑜主席出席 APEC 前，在出席一个纪念孙中山先生活动上又重申了亲民党"两岸一中、反对'台独'"的立场，对于他行前的这个表态，发言人是怎么看？

马晓光：我们注意到，亲民党表示坚持"两岸一中、反对'台独'"是该党的一贯立场。我们希望亲民党继续秉持这一立场，维护和推动两岸关系和平发展。

中新社记者：台湾竞争力论坛近日发布了一项调查

显示，当前两岸关系局面下，台湾民众认同自己是中国人的比例由上半年的 46.8% 升至 52%，且有 86% 的受访者认同自己是中华民族的一部分。想请问发言人的是，在目前的两岸形势下，台湾民众的中国人身份认同率反而有所上升，请问有何评论？

马晓光：我们对台湾岛内的具体民调不做评论。但是我想说，两岸同胞本来就是血脉相连的骨肉兄弟，两岸本来就是命运共同体。只要遏制"台独"分裂活动，把握两岸关系和平发展的正确方向，经由两岸各领域的交流合作的不断深化，两岸同胞就会越走越近、越走越亲。

台湾《联合报》记者：特朗普当选美国总统之后，台湾方面要积极加入的 TPP 基本上已经"胎死腹中"了，如果说蔡英文的重心要转向 RCEP 的话，请问大陆对此持何态度？

马晓光：如果一个中国原则不能得到维护，两岸政治互信不复存在、两岸经济合作的制度化进程被迟滞，那么对台湾方面参与区域经济合作的问题势必会带来不利影响。

《人民政协报·两岸经合周刊》记者：第一，最近有台湾媒体报道，台湾从大陆进口的玩具里面发出"台湾是中国第一大岛"的声音，台湾陆委会主委张小月对此表示大陆这么做不合适，请问发言人对此做何评价？第二，台湾有退役将军参加大陆的孙中山先生诞辰150周年纪念活动，回到岛内以后遭到民进党当局威胁刁难，请问发言人对此有什么评价？第三，前两届的APEC会议，张志军主任都随团参加了，这次有没有参加？

马晓光：第一个问题，台湾岛是中国的第一大岛，这是世人皆知的常识。关于第二个问题，我刚才已经讲过，孙中山先生是两岸同胞共同景仰的伟人。民进党的部分政客顽固坚持"台独"立场，煽动两岸敌意和对抗，以政治理由干扰两岸交流，打压参与两岸交流的台湾人士，制造"寒蝉效应"，也戳破了他们口头上所标榜的所谓"自由民主"是极端虚伪的。昨天张志军主任在武汉参加交流活动时已经回应了记者的相关提问，对于这件事情，我们的态度和感受是8个字，"欲加之罪，何患无辞"。第三个问题，目前我没有这方面的信息可以发布。

中国国际广播电台记者：我们注意到两岸和平发展论坛首设了青年组，在闭幕式上还发布了40多项聚焦两岸青年交流的项目。另外，在湖北的"武汉·台湾周"也特别设立了青年议题，这些无不表明两岸青年交流的热络，请发言人介绍一下青年在当下两岸关系发展中的作用。

马晓光：正如你刚才提问中所指出的，加强青年交流是我们推动两岸交流中的一个重要领域和重点方向。近年来我们不仅积极推动两岸青年交流，还为台湾青年来大陆就业、生活、实习、创业、就学等一系列方面积极地提供更加便利的条件。毫无疑问，青年是我们中华民族的未来，也是两岸关系的未来，只有两岸青年密切交流了，相互了解了，共同的利益增多了，隔膜减少了，两岸关系和平稳定发展才不会是一句空话。

福建《海峡导报》记者：据报道，今年前三季大陆仍是世界最大的出境旅游来源市场，为世界各地带来了比往年更多的外汇收入，但唯独台湾地区不增反减，请问发言人对此有何评论？

马晓光：大家也都知道，2008年以来一段时间，大陆居民赴台湾旅游呈现了健康良好的发展态势，但是从今年"5·20"之后，这个发展态势受到了影响，原因是众所周知的。我想，怎么去解决其中的症结问题大家也是很清楚的，我们还是那句话，解铃仍须系铃人。

环球网记者：近日我们注意到台湾安全部门的一份评估报告指出，即将上任的美国新总统特朗普有机会扩大美国对台军售，请问发言人对此有何评论？

马晓光：对于台湾岛内的各种围绕美国新当选总统特朗普及其新政府的政策走向的言论，我不做具体评论。我这里要指出的是，发展长期健康稳定的中美关系，符合两国人民的根本利益，也是国际社会的普遍期待。台湾问题是中美关系中最重要、最敏感的问题，我们希望美国新政府恪守一个中国政策和中美三个联合公报原则，妥善处理涉台问题。

香港中评社记者：鉴于两岸关系当前的复杂形势，近来有大陆学者建议说制定《反分裂国家法》的细则或者立法追究分裂行为的刑责，以震慑"台独"势力。请问大陆方面是否有这方面的考虑？

马晓光：《反分裂国家法》是一部坚决维护国家主权和领土完整、反对和遏制"台独"分裂活动、维护台海地区和平稳定的法律，也是一部促进两岸关系发展、推动国家统一的法律，是中央对台大政方针和全中国人民共同意志的集中体现。它表明我们以最大的诚意、尽最大的努力争取和平统一的前景，同时也表明全中国人民绝不允许"台独"分裂势力以任何名义、任何方式把台湾从中国分裂出去的坚定决心。

广东深圳卫视记者：近来，在台湾陆委会的一次会议上多位与会人士讲，台海问题并非是大陆现阶段急需要处理的问题，大陆方面可能对蔡英文仍然有期待，现阶段主要以区隔对待的方式来分化台湾内部，两岸之间"冷和平"或"冷对抗"的趋势可能会持续到十九大之后，请问发言人对此有何评论？

马晓光：我们一般不对台湾岛内形形色色的具体观点做评论，但是我强烈地感受到，台湾岛内的一些"御用智库"，出于种种政治偏见，不愿意正视大陆的客观发展，所以也得不出涉及大陆的正确而客观的结论。在这里我要再次重申，我们推动两岸关系在"九二共识"基础上改善与发展的真诚善意不会改变，为台海谋和平、为同胞谋福祉、为民族谋复兴的庄严承诺不会放弃，坚决反对和遏制"台独"分裂行径的坚强意志不会动摇，没有任何力量能够阻挡国家统一和民族复兴的历史步伐。

马晓光：发布会到此结束，谢谢大家光临。

[发布时间] 2016 年 11 月 30 日
[发 布 人] 马晓光
[发布地点] 国务院台湾事务办公室新闻发布厅

国务院台湾事务办公室
新闻发布会

2016 年 11 月 30 日

11 月 30 日上午 10 时，国台办在新闻发布厅举行例行新闻发布会。发言人马晓光就近期两岸热点问题回答了记者提问。

新华社记者：台湾著名作家、统派人士陈映真先生 22 日在北京逝世，请问国台办有否对此表达哀悼？另外请问对陈映真先生有何评价？

马晓光：台湾中国统一联盟创盟主席、中国作家协会名誉副主席陈映真先生因病于 2016 年 11 月 22 日在北京逝世。中央台办、国务院台办谨致沉痛悼念，并向家属表达诚挚慰问。

马晓光：陈映真先生是忠诚的爱国主义者、台湾同胞的杰出代表、著名文学家、台湾爱国统一阵营的杰出领袖和理论家。他矢志不渝追求国家统一，创作了大量优秀文学作品和文艺评论，颂扬台湾同胞的爱国爱乡传统，揭露"台独"的荒谬与危害，呼吁台湾同胞投身祖国统一的伟大事业。他的崇高信念和光辉人格将激励两岸同胞继续前进。

中国国际广播电台记者：据报道，台湾陆委会负责人日前表示，大陆应正面理解台湾方面的"善意"言行，不要做过多负面解读和批判。请问发言人对此有何评论？

马晓光：今年5月20日以来，台湾新执政当局拒不接受"九二共识"，单方面破坏了两岸关系和平发展的政治基础，导致两岸联系沟通和协商机制中断，经济合作制度化进程停滞，各领域交流合作放缓，两岸同胞切身利益和感情受到损害。与此同时，"台独"势力在政治、经济、社会、文化、教育等领域"去中国化"的动作频频，企图削弱或切割台湾社会与中华文化的连接。难道这些所作所为，就是他们所标榜的"善意"吗？

马晓光：我们多次讲过，是否接受"九二共识"，关系到两岸关系的根本性质，是检验台湾当局所谓"善意"

的试金石。背弃两岸同属一个中国的政治基础，把两岸看成是"国与国关系"，当然就谈不上有什么"善意"。打着"台湾内部发展"的幌子，搞以"去中国化"为目标的"台独"，必然遭到两岸同胞的坚决反对。

福建海峡卫视记者：据悉，大陆有关企业近期走访了台湾8县市，考察、洽商农产品采购，请发言人介绍相关情况。

马晓光：应台湾8县市邀请，由中华全国供销合作总社牵头组织大陆相关协会和企业，于11月21日至28日赴台考察、洽商农产品合作。双方就建立通路、打造品牌、稳定货源等问题务实探讨，达成以市场化机制开展常态化合作的共识。大陆企业表示有意向采购台湾水果3000吨，双方也在积极沟通其他品类产品采购，有望取得更多成果。

马晓光：只要对两岸关系和县市交流的性质有正确认知，愿意为增进两岸同胞福祉和亲情贡献心力，我们都持积极态度。

香港中评社记者：据报道，今年"5·20"之后，大陆学生赴台就读的人数大幅减少，请问发言人对此有何评论？目前大陆方面对陆生赴台持什么样的态度？

马晓光：是否赴台就读，是学生和家长的自主选择。

据我们了解，今年 5 月，台湾政局发生变化，两岸关系和平发展的势头受到了冲击，台湾的教育环境也受到影响，这些因素使大陆学生和家长深感忧虑，直接影响了陆生赴台就读的意愿。我想指出的是，台湾一些势力在教育领域进行"去中国化"的"台独"分裂活动，必然会恶化两岸教育交流的环境。我们希望，两岸教育交流能在良好的条件下健康发展。

福建海峡之声广播电台记者：有消息说，台湾企业界一些人士出任资政等职务，受到大陆方面的压力，请问是这样吗？

马晓光：我不了解你说的情况。对岛内具体人事，我们不评论，也不介入。我们希望台湾广大工商界人士坚持"九二共识"、反对"台独"，支持两岸关系和平发展，以实际行动参与和推动两岸经济交流与合作。

福建东南卫视记者：台湾"中华文化总会"会长刘兆玄在 23 日宣布辞职。此前民进党方面可以说是使出了"洪荒之力"想要抢夺台湾"中华文化总会"。外界就担心民进党是要故伎重施，"取了中华之后去中华"。此外也有消息称，现在两岸之间官方的交往是停摆了，蔡英文将以台湾"中华文化总会"作为与大陆交往的一个平台，对于这些消息，发言人您如何回应？

马晓光：我们注意到了有关报道，也注意到台湾舆论对此表达的疑虑。这个组织是继续坚持与弘扬中华文化，还是要搞"去中国化""去中华文化"？我们高度关注，两岸同胞也都拭目以待。

台湾东森电视台记者：最近台湾金马奖颁奖结束，这次金马奖大部分都是大陆的艺人和导演得到奖项，我想问的是，对于两岸现在的冷关系状况下，但是在金马奖还是一视同仁。您对于这样的状况有什么看法？对于两岸的电影交流有什么期许？

马晓光：我们注意到了这样的情况。我们支持和鼓励两岸电影界加强交流，相互学习，取长补短，增进了解，共同弘扬中华文化，做强做大属于中华民族的电影事业。我想，这也是两岸电影人的心声。

中新社记者：台湾复兴航空公司近日宣布停航、解散，有舆论称，陆客赴台大幅减少是压垮复兴航空公司的最后稻草，请问发言人对此有何评论。另外，国家民航局昨天发布了 2017 年两岸春节加班机的相关安排，并称两岸航空主管部门就有关事宜进行了沟通，确认了具体安排，请发言人说明相关情况。

马晓光：第一个问题，我们注意到了台湾复兴航空停航，也注意到对该公司停航的原因，台湾岛内有各种不同角度的分析和评论。第二个问题，今年台湾局势出现变化，两岸业务主管部门商讨加强两岸民航运输合作的业务沟通会议没有再开。考虑到两岸民众出行和返乡过节的需求，双方协议联系人通过换函的方式，就春节加班机事宜做出了相关安排。

广东深圳卫视记者：第一个问题，日前香港海关截获了9辆曾经在台湾参加军事训练的新加坡装甲车，台湾陆委会也对此做出了回应，请问国台办对此怎么评价？第二个问题，近日有媒体报道，洪秀柱将在特朗普就任之后访美，请问大陆方面对此如何看待？

马晓光：第一个问题，外交部发言人已经就此表明了我们的立场和态度，我没有新的信息可以提供。

马晓光：第二个问题，我们对待台湾对外活动的立场是一贯的，也是明确的。

台湾《中国时报》记者：南海主权是两岸都非常关心的议题，而台湾的"海巡署"等有关方面昨天在南海太平岛附近海域举行人道救援演习。请问国台办对此有何评论？

马晓光：南沙群岛包括太平岛是中国的固有领土，两岸中国人有责任共同维护祖产。我们将密切关注有关方面涉及太平岛的动作。

《中国日报》记者：请问发言人，台当局是否与大陆就加入 RCEP 进行过接洽？如果台湾有意愿加入到 RCEP 及"一带一路"的战略中来，请问大陆的态度是什么？

马晓光：关于台湾参与区域经济整合的问题，过去在"九二共识"的基础上，在两岸关系和平发展的大背景下，我们表达过愿意探讨加强两岸经济合作与台湾参与区域经济整合的可行途径，国台办和台湾陆委会也就此展开过接触。但是大家看到，"5·20"之后，形势有了新的变化，如果一个中国的原则不能得到维护，两岸政治互信不复存在，两岸经济合作的制度化进程被迟滞，那么对这个问题势必带来不利影响。至于"一带一路"，我们多次表明，欢迎台湾工商界参与"一带一路"的建设。

香港《大公报》、大公网记者：日前有报道，被褫夺香港立法会议员资格的"港独"人士计划致信蔡英文要求其干预香港事务。此外又有民进党的民代提出建议，让台当局多关心香港事务，而且台湾陆委会近期也频频对香港事务发表一些言论，请问发言人对这些态势有什么评价？

马晓光：你谈到的这些事情再次说明，"港独"分子和"台独"势力相勾连，企图搅乱香港。两岸同胞，特别是香港同胞要高度警惕。梁颂恒、游蕙祯等人的言行违背香港的主流民意，违背香港居民的根本利益，而台湾有关方面却为之张目，究竟意欲何为？我们奉劝台湾方面不要对香港问题说三道四，干扰香港实施"一国两制"，破坏香港繁荣稳定。

环球网记者：我们注意到，台当局涉外部门网站上所谓的"中国大陆阻挠台国际空间的事例"在空白8年之后，于11月22日再度重启，请问发言人对此有何评论？

马晓光：国际社会遵循一个中国原则处理涉台问题，违背这个原则，那个网站上所举的那些事情当然行不通。

中央电视台记者：中国空军日前按照计划组织航空兵到西太平洋远海进行训练，而有台媒炒作称"大陆战机绕台湾一周是在对台湾进行施压"，请问您怎么看待这一问题？

马晓光：据我了解，解放军此次赴西太平洋有关空域开展训练，是年度计划内的例行安排。具体情况，可以向国防部咨询。

福建《海峡导报》记者：有民进党民代近日质疑因抖空竹是中国文化，推广抖空竹是在"帮助大陆统战"，请问发言人对此有何评价？

马晓光：我想大家都注意到，"世芳扯铃"最近已经成为台湾政坛和社会舆论中的一大超级笑话。讽刺吗？讽刺的背后折射出的是这些"去中国化"的推手们，他们灵魂的分裂。

福建海峡之声广播电台记者：近日有绿营的民意代表提出要邀请达赖喇嘛访台，声称要"让大陆跳脚，做出不理性行为"，发言人对此有何评论？

马晓光：我们已经多次重申，我们坚决反对达赖以任何形式到台湾活动。如果某些人、某些势力想利用此事做文章，来蓄意制造事端，势必对两岸关系造成严重影响，他们要承担应该承担的责任。

广东深圳卫视记者：这两天台日正在举行有关经济伙伴协议的谈判，但是两岸的货贸谈判却全面停摆，请问发言人对此有怎样的评价？另外，大陆到蓝营的8县市采购，岛内有人反映，绿营的县市里也有一些蓝营的乡镇，是否也应该考虑到这方面的情况？

马晓光：第二个问题我刚才已经讲过了，只要对两岸关系和县市交流的性质有正确认知，我们都持积极态度。

马晓光：第一个问题，我们坚决反对台湾和我建交国发展官方关系，签署具有主权意涵的协议，这是我们的一贯立场。至于说两岸货贸协议停摆，我想随着时间的推移，两岸同胞特别是台湾同胞会越来越感受到，由于政治原因，台湾方面失去了一次繁荣发展的宝贵机遇。

新华社记者：中国社科院台湾研究所原所长余克礼先生日前在接受媒体访问的时候表示，马英九执政期间，两岸的政治关系实际上是倒退的，国民党执政当局放弃了统一的长期目标，请问这是不是代表大陆方面对马英九的评价发生了变化？

马晓光：对于学者个人的观点，我们不予评论。

台湾《旺报》记者：针对台湾 APEC 代表宋楚瑜日前被媒体报道指出，在 APEC 峰会时与习近平主席会晤仅一分钟，并非他们所宣称的十分钟，对此国台办有什么看法？

马晓光：其实关于这个问题我已经做过了说明，我想强调三点。第一，习近平总书记与宋楚瑜只是进行了自然简短的寒暄。第二，今年的情况与 2008 年之后至去年之前的情况有很大的不同，相信大家都已经注意到了。第三，两岸关系改善与发展的基础是坚持"九二共识"，台湾当局不承认"九二共识"，两岸双方就不可能进行良性互动。

《团结报》记者：据媒体报道，马来西亚方面昨天已将 20 多名台湾电信诈骗嫌犯送往大陆，对此台湾陆委会再次呼吁与大陆共谋解决之道，请问国台办对此有何回应？

马晓光：可能大家已经注意到，11 月 29 日，我公安机关从马来西亚押回了一批电信诈骗犯罪嫌疑人，其中包括了 21 名台湾居民。具体的情况，你们可以向有关方面了解。我想讲的是，跟以往一样，这次是以台湾居民为主的团伙作案，受害人都是大陆的民众，所以说，为了依法惩处犯罪，维护受害人权益，大陆带回嫌犯处理，大家应该可以理解。台湾陆委会应该想一想，为什么 5 月 20 日以后，双方警务部门的人员没有再就合作打击犯罪事宜进行过会面和接触？为什么这些台湾电信诈骗嫌疑人由于屡屡被轻纵，导致受害人权益不能受到维护？他们更应该反思的是台湾的有关规定和台湾的政治文化。

马晓光：发布会到此结束，谢谢大家。

[发布时间] 2016 年 12 月 14 日
[发 布 人] 安峰山
[发布地点] 国务院台湾事务办公室新闻发布厅

国务院台湾事务办公室
新闻发布会

2016 年 12 月 14 日

12 月 14 日上午 10 时，国台办在新闻发布厅举行例行新闻发布会。发言人安峰山就近期两岸热点问题回答了记者提问。

安峰山： 各位记者朋友，大家上午好。欢迎大家参加国台办今天的例行新闻发布会，我愿意回答大家的问题。

新华社记者： 据报道，美国当选总统特朗普日前在接受采访时称，他完全理解一个中国政策，但不明白美方为什么必须受一个中国政策束缚，除非美中就贸易等其他议题达成协议，对此有何评论？

安峰山：外交部发言人已就此表明了我们的立场和态度。台湾问题事关中国主权和领土完整，涉及中方核心利益。坚持一个中国原则，是发展中美关系的政治基础，也是台海和平稳定的基石。如果这一基础受到干扰和破坏，中美关系的健康稳定发展就无从谈起，台海和平稳定也必将遭受严重冲击。

中央电视台记者：还是想延续一下关于特朗普涉及一中政策言论的问题。我们注意到，其实在他这个言论提出来之后，台湾内部，包括民进党和"时代力量"的一些民意代表提出来，是不是蔡英文提出的所谓"维持现状"也已过时，台湾是否可以不受限于一中框架？请问发言人对此有何评论？

安峰山：这种言论充分暴露了岛内一些政治势力一心谋求"台独"分裂的本质，以及为了实现他们的"台独"梦想那种急不可待的心态。我想强调的是，世界上只有一个中国，大陆和台湾同属一个中国，这具有不可辩驳的法理基础和事实依据，也是国际社会公认的现实。我们坚持一个中国原则，反对和遏制"台独"分裂的立场是坚定不移的。在反"台独"、反分裂这个问题上，我们有坚定的意志、充分的信心、足够的能力。事实会告诉这些人，"台独"是一条走不通的死路。

福建东南卫视记者：我有两个问题，延续上面的问题，如果特朗普接下来还有类似的言论出现的话，会不会影响我们的对台方针政策？第二个问题，"变"字当选了2016年海峡两岸年度汉字，而"苦"字则成了台湾的年度汉字。对于这样的评选结果，请问一下发言人有什么样的评论？

安峰山：我们对台的大政方针是明确的、一贯的。一个中国原则是我们的基本准则。您的第二个问题，关于海峡两岸媒体评选年度汉字，已经举办好几年了，今年既有两岸媒体共同评选出的，也有台湾媒体自己选出的。今年的年度汉字，像两岸的"变"和台湾的"苦"，实际上都反映了两岸民众对两岸关系发展和岛内局势变化的切身的感受。

中央电视台《海峡两岸》记者：据报道，蔡英文明年1月初访中南美洲时将有可能过境美国，请问发言人，大陆对此持什么样的态度？

安峰山：外交部已就此表明了我们的立场和态度。我们一贯以一个中国原则对待台湾的对外交往问题，坚决反对任何企图在国际上制造"两个中国"、"一中一台"和"台湾独立"的行径。

福建厦门卫视记者：据报道，有大陆学者日前表示，在不违背一中原则内涵的基础上，两岸双方可在"九二共识"之外另选新的共识，并且建议在一定条件下，两岸可进行传话性和可控性的接触，请问国台办对此持何态度？

安峰山：我们坚持一个中国原则的立场和态度是一贯的、明确的，坚定不移。我们强调"九二共识"在两岸关系和平发展中的重要性，就在于"九二共识"的核心意涵是两岸同属一个中国，只有明确了这一点，两岸双方才有共同的政治基础，才能够进行接触和互动。

中新社记者：海霸王集团日前发声明表示，坚定支持两岸同属一个中国。有舆论认为，大陆落实惩处支持"台独"的台商，开始对台商实施"差别待遇"。台湾方面表示，不乐见政治因素干预台商投资经营。请问发言人对此有何评论？

安峰山：您提到这个事情，据了解，大陆的有关地方在日前进行食品安全检查的时候，发现海霸王公司的产品存在明显的问题，依法责令该公司进行整改，并且按照相关的规定做出了处罚。我们历来重视并且积极采取措施保护台商的合法权益，同时台商的生产经营也应该遵守大陆的相关法律和法规。在此，我还要重申，我们鼓励和支持台商投资的态度没有改变，但是决不允许少数人在大陆赚钱却支持"台独"分裂活动。

福建海峡之声广播电台记者：据报道，美国国会的参、众两院日前分别通过了 2017 年的国防授权法，纳入了台美资深的军事将领和官员交流的条文。请问发言人对此有何评论？

安峰山：此前外交部和国防部都已经对此表明了我们的严正立场。我们坚决反对我建交国与台湾发生任何形式的官方往来和军事联系的立场是明确的，也是一贯的。

广东深圳卫视记者：有两个问题，第一个问题，有报道说，近日蔡英文办公室的顾问吴澧培在会见美前副总统顾问叶望辉的时候讲，并不反对把台湾当成棋子来压迫大陆，只要美国在政治经济方面给予台湾优惠。大陆方面怎么看待岛内一些人甘心做美国棋子的这样一种行径？第二个问题，昨天是我国的第三个南京大屠杀死难者国家公祭日，大陆方面举行了隆重的悼念活动，是否也希望两岸以某种形式来共同纪念抗日战争？

安峰山：您的第一个问题，岛内的一些顽固坚持"台独"立场、与大陆为敌的势力，为了实现他们心中的所谓"台独"梦想，居然不惜卖身投靠，挟洋自重，甘当外部势力制约中国和遏制中国的筹码和棋子，这种心态真是"不以为耻、反以为荣"。

安峰山：您的第二个问题，昨天是南京大屠杀遇难者国殇纪念日，国殇在心，永矢弗谖。当年那场抗日战争是包括台湾同胞在内的全体中华儿女浴血奋战的一场全民族抗战，为此付出了巨大的民族牺牲。我想，遇难的国人，他们的鲜血不会白流，那些为抗日战争的胜利付出牺牲的先烈们，历史也会永远地铭记。在当前两岸关系形势下，我想，两岸同胞共同去纪念抗战的胜利，能够去铭记当年的那段历史，去弘扬抗战的精神，有助于我们携起手来，共同反对分裂国家的各种行径，来携手实现两岸关系和平发展和我们民族的伟大复兴。

台湾《联合报》记者：这个月下旬蓝营8县市会在北京组织一个农产品的展销会，不晓得国台办希望这个展销会达到什么样的成果？如果绿营执政的县市当中有认同"九二共识"的台湾农民也想参与到这里头来，不晓得大陆的态度如何？

安峰山：关于8县市的农特产品展销和旅游推介活动，据我了解，目前该活动正在筹备之中。双方也想借举办这个活动探讨在市场机制下来开展常态化的交流合作。

安峰山：至于您后面的问题，我们已经多次明确表示了态度，不管台湾的哪个县市，只要对两岸关系和县市交流的性质有正确的认知，愿意为增进两岸同胞的亲情和福祉贡献心力，我们都是持积极态度。

中国国际广播电台记者：据台媒报道，台当局领导人蔡英文日前在参加活动时再次强调"转型正义"，她指出其内涵是追求真相与和解，请问发言人对此有何看法？

安峰山：对台湾内部的事情我不多做评论，我想，岛内有关这个事情的评价和议论已经很多了。所谓正义和非正义不是自己说了算的，历史自有公评。

香港《大公报》、大公网记者：日前有"港独"分子又赴台湾"播独"，有台湾民众反应强烈并斥责他们是汉奸卖国，让他们滚回香港，请问发言人对此有何评价？

安峰山：任何形式的"台独"和"港独"，都违背包括台湾同胞和香港同胞在内的全体中华儿女的共同意愿，也违背中华民族的根本利益，理所当然应该遭到全体中华儿女的坚决反对。

中国台湾网记者：近日日本核灾食品解禁议题在岛内持续延烧，民进党当局一面标榜无核，一面却推动进口日本核灾食品，让台湾民众利益受损，有评论指出，台当局放着大陆的真心不要，与虎谋皮只能自食其果，请问发言人对此有何评价？

安峰山： 我想，关于这个事情，岛内的各界已经对当局的那种心态和做法有了很多的批评和评论，我就不多做评价了。

《人民政协报·两岸经合周刊》记者： 两个问题，第一，有关食品安全问题，台湾最近已考虑开放日本福岛核辐射区的食品，国台办有没有向有关部门提出一些风险建议或减少从台湾进口食品？第二个问题，针对特朗普的言论，和台湾当局一系列的小动作，有专家建议，细化《反分裂国家法》，在遏制"台独"方面更具操作性。请问发言人对此有何评论？

安峰山： 关于食品安全问题我们一直是高度重视的，大陆有关部门会采取必要的措施去维护大陆消费者的权益，保护人民生命和健康的安全。

安峰山： 您的第二个问题，我们对台的大政方针是明确的、一贯的，我们坚持一个中国原则，反对"台独"的立场也是坚定不移的。《反分裂国家法》是一部既捍卫国家的领土主权、反对和遏制"台独"，同时又推进两岸关系和平发展、推进国家统一的法律。这部法律是我们中央的对台大政方针和我们全体人民意志的一个集中体现，也体现了我们尽最大的诚意、尽最大的努力来实现和平统一这样一个一贯的立场，同时也表明了我们捍卫国家主权和领土完整，坚决反对和遏制任何形式的"台独"分裂行径这样一个坚强的决心。

环球网记者：我们注意到台湾"国史馆"的争议近日持续延烧，有蓝营的民代日前指出，目前的新规除了禁止大陆、香港、澳门的学者调阅，连台湾学者欲调阅两蒋时期的资料也受阻，请问发言人对此有何评论？

安峰山：我们也注意到了相关的报道。这件事情背后的政治因素，我想，大家应该都看得很清楚。

福建《海峡导报》记者：台湾方面近日表示，辽宁团火烧车事故有23名罹难者理赔工作已经完成了，但是仍有一名罹难者家属拒绝和解，想请发言人介绍一下相关情况，以及赴台游在安全方面有没有进一步的举措？

安峰山：在当时事故发生以后，大陆方面高度关切大陆同胞的生命和财产安全，一方面要求台湾方面尽快查明事故的原因和责任，做好善后工作，同时也要求台湾方面加强安全管理，切实保护大陆游客在台的生命和财产安全。关于善后的处理，我们尊重大陆受害者家属的意愿。您讲的有关后续的安排，我还要向其他部门做进一步了解。

台声杂志社记者：近日有一艘台湾渔船"金瑞益88号"在新北市富贵角海域遭遇大浪翻覆，截至13日上午，有媒体报道称，已成功救起了 2 名大陆落水渔民，但仍有 5 人下落不明，包括 3 名大陆渔民，请问发言人是否进一步掌握此次事件的相关情况？另外，大陆方面是否有派相关部门前去配合搜救？

安峰山：据了解，在事发以后，中国海上搜救中心和福建方面跟台湾有关方面及时保持联系，了解搜救情况。据有关方面通告，船上总共有 8 名船员，已经有 2 名大陆船员获救，台湾船长遇难，现在还有 5 名船员失踪，其中包括 3 名大陆的船员。我们希望台湾有关方面能够加大搜救的力度，来尽快找到这些失踪人员的下落。

台湾"中央社"记者：蔡英文 6 日向美国媒体表示，她 2 号与特朗普通电话是表达台湾对美国选举的尊重，并道贺他当选美国总统，不应解读为政策有显著的变化，她也强调，我们都重视这个地区的稳定，而且良好的台美关系绝对有助于亚太地区的和平稳定以及两岸关系，请问大陆方面对此有何回应？

安峰山：关于这件事情，我前面已经做了非常明确的表态。我想再次强调，我们坚持一个中国原则、反对"台独"分裂的立场是坚定不移的。在反"台独"、反分裂问题上，我们有坚定的意志、充分的信心和足够的能力。

安峰山：谢谢大家，我们下次再见！

[发布时间] 2016 年 12 月 28 日
[发 布 人] 安峰山
[发布地点] 国务院台湾事务办公室新闻发布厅

国务院台湾事务办公室
新闻发布会

2016 年 12 月 28 日

12 月 28 日上午 10 时，国台办在新闻发布厅举行例行新闻发布会。发言人安峰山就近期两岸热点问题回答了记者提问。

安峰山：各位媒体朋友，大家上午好，欢迎大家出席国台办 2016 年的最后一次例行新闻发布会，大家辛苦了！下面我愿意回答大家的提问。

新华社记者：请介绍 12 月 23 日举行的国共两党对话交流活动所取得的成果。另外，请问下一阶段推动国共两党交流有何进一步的规划？

安峰山：这次国共两党举办对话交流活动，是落实习近平总书记与中国国民党主席洪秀柱会面达成的重要共识、适应新形势改进和创新两党交流平台的重要举措。双方回顾了国共两党共同推动两岸关系和平发展的历程，重点就两党基层党际交流、两岸青年和基层交流与两岸民众权益保障三项议题开展对话交流，并就此达成了 8 项重要共识，取得积极成果。有关这 8 项共识的内容在活动新闻稿中已做详细说明。在此我主要介绍 4 方面成果：

　　安峰山：一是双方都表示要继续坚持"九二共识"、反对"台独"的共同政治基础。二是共同加强并深化两党交流，包括继续举行两党领导人会晤，支持举办两岸和平发展论坛，改进强化国共两党维护两岸民众权益工作机制，开启两党对话交流机制，深化基层党际交流。三是积极促进两岸各领域交流合作。扩大两岸青年和基层民众交流，研究完善台湾青年来大陆学习、实习、就业、创业的相关政策，推动两岸农渔业、中小企业、旅游业等交流合作。四是不断增进两岸同胞福祉。积极支持认同"九二共识"的台湾有关县市、乡镇和基层社团开展两岸交流合作。

　　安峰山：国共两党在坚持"九二共识"，反对"台独"的共同政治基础上，将继续保持密切沟通，发挥两党交流机制的作用，加强交流对话，落实两党领导人会面达成的共识，以及两党对话交流达成的具体成果，共同致力于增进两岸同胞利益福祉，维护和推动两岸关系和平发展与台海和平稳定。

中新社记者：据悉，日前在京举办的台湾8县市农特产品展销暨旅游推介活动场面非常热烈，请发言人介绍一下相关情况。

安峰山：12月24日至26日，台湾8县市农特产品展销暨旅游推介洽谈会在京举行。来自台湾新北、新竹、苗栗、花莲、南投、台东、金门、连江等8县市的130余家业者携特色农特产品参展。北京市民反响热烈，很多民众提前到场等待开馆。馆内各展位销售火爆，很多产品销售一空，参展商家均取得满意的销售业绩，并对今后持续举办活动充满期待。据了解，着眼长远合作，活动期间还举办了4场采购签约及旅游对接洽谈活动。

国际台记者：蔡英文称，大陆持续打压台湾"国际空间"，跟谁在台执政没有关系，请问发言人对此有何评论？

安峰山：大家都看到，2008年以来，两岸双方在坚持"九二共识"、反对"台独"的共同政治基础上，推动实现了两岸关系和平发展。在这一大背景下，两岸双方在涉外事务中避免了不必要的内耗。但是今年"5·20"以来，两岸关系形势发生了变化，由于民进党当局不承认"九二共识"，不认同两岸同属一中，单方面破坏了两岸关系的共同政治基础，破坏了双方的政治互信，使得两岸关系和平发展的良好局面和成果受到了严重冲击，其影响是多方面的，相信大家都能感受到。我们历来以一个中国原则处理台湾的对外交往问题，任何制造"两个中国""一中一台"的企图都注定会失败。历史的趋势，不可阻挡。

广东深圳卫视记者：有大陆学者日前表示，在一中原则基础之上，两岸双方可以在"九二共识"之外另寻新的共识。近日又有台湾学者提出"两岸同属一个中华民族"，可以成为两岸双方的新共识，请问发言人对此有何评论？

安峰山：这是学者个人的看法。我们也注意到，有关这个话题最近是众说纷纭。我要强调的是，我们坚持一个中国原则的立场和态度是一贯的、明确的，坚定不移。只有承认"九二共识"，认同两岸同属一中，两岸双方才有共同的政治基础。"九二共识"的核心意涵在于认同两岸同属一个中国，它的重要性就在于清晰地界定了两岸关系的性质，表明两岸不是"国与国"的关系。无论怎样的表述，都不能偏离两岸同属一个中国这个核心认知。这个核心是不能被替代的。只有回到这个立场上来，两岸双方才有共同的政治基础，才可以开展接触、互动，共同推动两岸关系和平发展。

中国台湾网记者：今年 5 月以来，台湾新执政当局拒不承认"九二共识"，不认同两岸同属一中，破坏了两岸关系和平发展的政治基础，两岸关系也由之前 8 年的交流合作热络发生很大转变。有评论指出，展望 2017 年，两岸交流将呈现所谓的"民热官冷"的局面，请问发言人对此有何评价？

安峰山：实际上，造成当前两岸关系这种局面的原因和责任所在，大家都十分清楚。我们坚持一个中国原则，反对"台独"的立场是坚定不移的。"九二共识"是两岸关系和平发展的基石，台湾当局如果真有改善两岸关系的善意和诚意，就应该回到坚持"九二共识"这个共同政治基础上来。这样，两岸双方才可以接触、互动，两岸关系也才有改善和发展的空间。

台湾《联合报》记者：台湾的"婚姻平权法案"日前一读通过，同志婚姻正式迈向法制化。大陆一向鼓励并支持两岸通婚和两岸婚姻，如果大陆的同志与台湾的伴侣在台湾结婚，大陆是不是承认其法律效力？能否拥有家属重大手术的签字权和财产的分配权？

安峰山： 关于台湾的内部事务，我不做评论。至于您提到的问题里涉及的相关法律事务，需要询问相关法律主管部门。

《人民政协报·两岸经合周刊》记者： 围绕解放军海军、空军近日的例行训练，美国前国会议长、特朗普重要幕僚日前表示，美国不鼓励"台湾独立"，但绝不会坐视大陆在任何情况下对台动武。两岸舆论认为，这个言论挑战了中国《反分裂国家法》，请问发言人做何评价？

安峰山： 台湾问题事关中国主权和领土完整，是中国的内政，也是中美关系中最重要、最敏感的问题，我们希望美方恪守一个中国政策和中美三个联合公报的原则，慎重处理涉台问题。

福建海峡之声广播电台记者： 辽宁舰穿过第一岛链，台湾方面非常紧张，请问发言人有何评价？还有一个问题，近期有台湾地区的中学生在校庆日穿纳粹服装表演，引发了台湾社会各界的强烈批判，请问发言人有何评价？

安峰山： 您的第一个问题，海军发言人此前已经专门做了说明。今年12月24日，中国人民解放军海军的辽宁舰编队赴西太平洋海域开展远海训练，这是按照年度的训练计划所组织实施的。

安峰山：第二个问题，岛内对这个问题已经有了诸多评论。我需要指出的是，德国的纳粹主义和日本的军国主义都是在第二次世界大战期间造成深重灾难的罪魁祸首，应该受到全人类的一致谴责和唾弃。如果在历史的评判上搞双重标准，在文化和教育领域刻意地进行歪曲和误导，只会造成社会的精神缺失和价值错乱。

福建《海峡导报》记者：美国 2017 财年国防授权法案首次写入了美台高层军事交流的内容。据指出，未来美国助理部长以上同级的官员以及现役将领军官都可以赴台，台湾防务部门的负责人也可能突破赴美限制，请问对于台美的军事交流的有关变化，国台办有何回应？

安峰山：此前，外交部已就此表明了我们的立场和态度。台湾问题事关中国的主权和领土完整，也是中美关系中最重要、最敏感的问题。我们坚决反对美台进行任何形式的官方往来和军事联系，坚决反对美国对台售武，这一立场是明确的，也是一贯的。

台湾《旺报》记者：台湾陆委会主委张小月针对两岸新共识的问题表示，必须回归所谓的"中华民国宪法"，请问发言人对此有何评论？另外，圣多美和普林西比与大陆建交后，有陆媒评论指出，蔡当局若持续背离一中道路，大陆将对台湾"外交"进行"剃光头"，就是把"邦交国"都拔光，请问发言人对此有何评论？

安峰山：您的第一个问题，关于新共识的说法，刚才我已经做了回答。今年5月20日以来，台湾方面一再表示说两岸应该在"求同存异"的基础上来开展对话，发展关系。两岸同胞实际上都在问，台湾方面所讲的"求同存异"的"同"到底是什么？所讲的"两岸的共同认知"到底是什么内容？台湾当局终归要把两岸关系的根本性质和两岸关系发展的基础，这些原则问题讲清楚、说明白。只有回到承认"九二共识"，认同两岸同属一中这样一个共同的政治基础上来，两岸关系才能回到和平发展的正确轨道。

安峰山：第二个问题，我们对台湾对外交往问题的立场非常明确，我们坚持一个中国原则，反对"台独"的立场，是坚定不移的，也必将得到国际社会越来越广泛的认同和支持。任何制造"两个中国""一中一台"的企图都注定会遭到失败。

福建海峡卫视记者：近日国台办前副主任王在希先生表示，两岸和平统一的可能性正在越来越小，您如何看待他的言论？还有一项调查显示说，如果大陆武力攻台，66%的台湾民众认为台军无法抵抗，您又如何看待这个报道？

安峰山：您的第一个问题。今年 5 月 20 日以来，两岸关系形势发生了重大变化，很多专家学者对此都十分关注，也纷纷表达了他们各自的看法。我要强调的是，我们坚定维护一个中国原则，坚决反对"台独"分裂的立场，是明确的、一贯的。我们将以最大的诚意，尽最大的努力，来争取和平统一的前景。同时，我们维护国家主权和领土完整的立场是坚定不移的，绝不会允许"台独"分裂势力以任何形式、任何名义把台湾从中国分裂出去。

安峰山：第二个问题，对岛内的具体民调我不做评论，但是两岸关系的和平发展才是台海和平稳定的最大保障，"台独"势力及其分裂活动是两岸和平稳定的最大威胁，"以武拒统"注定会失败的。

福建东南卫视记者：日前蓝营的 8 县市再次共同组团来到大陆，推出了 20 条蓝色旅游线路。但是台当局却对赴台 8 县市后续"踩线团"，以"不自然、泛政治化"为由，威胁要严审，请问发言人对此有何评论？

安峰山：据了解，两岸的有关业界正在洽商沟通之中，也希望这样的考察活动不要受到不必要的干扰和阻碍。

香港《大公报》、大公网记者：近日有媒体报道称，坚持"台独"的"时代力量"邀请几位所谓的香港"自决派"议员去台湾参加相关论坛，请问发言人有何回应？

安峰山：我们此前发布会已经多次表明了我们的严正立场。一小撮"台独"势力妄图与"港独"相勾连来分裂国家，是不可能得逞的，就像那句话说的，小小寰球，有几个苍蝇碰壁，最终也只会落得头破血流的下场。

广东深圳卫视记者：台湾外事部门负责人李大维称，台湾将交新朋友，有"口袋名单"，外界就认为这是台湾要挖大陆的墙角，请问发言人对此有何评论？

安峰山：任何在国际上制造"两个中国"、"一中一台"的图谋都注定会失败。

香港中评社记者：第一个问题，关于国共两党对话交流机制的问题，想请问一下这会是每隔几个月举办一次吗？或者会不会在两岸轮流举办？第二个问题，国台办曾宣布卡式台胞证能够在大陆的主要机场跟高铁站自助值机、自助购票，一年过去了，请问发言人有没有相关更新的信息和进度？

安峰山：有关国共对话交流平台今后的具体运作，需要双方进一步沟通协商。

安峰山：您的第二个问题，关于卡式台胞证，这是大陆公安部门为了响应广大台胞的愿望和要求出台的便利台胞的一项举措，后续会有进一步改善的做法。具体的做法和进度，建议您向公安部门询问。

　　中新社记者：台湾绿营执政的县市中，有一些支持"九二共识"的民众表示，希望与大陆加强交流，不知道发言人有何评论？

　　安峰山：我们讲过，只要对两岸关系的性质和两岸县市交流的性质有正确认知，愿意为促进两岸同胞的利益福祉来贡献心力，我们都持积极态度。在刚才我公布国共两党对话交流活动的成果中，其中也有一项是我们会积极支持认同"九二共识"的台湾有关县市、乡镇和基层社团，开展两岸的交流合作。

　　福建《海峡导报》记者：台湾海基会近日调整了秘书长人选，部分明年度的预算也遭到了冻结和删减，请问发言人对此有何看法？另外两会目前保持何种程度的沟通？

　　安峰山：今年"5·20"以来，由于台湾当局不承认"九二共识"，不认同两岸同属一中，两会的联系沟通机制已经停摆。造成这一结果的原因和责任所在，大家都很清楚。台湾海基会方面只有得到明确授权，向海协会确认坚持体现一个中国原则的"九二共识"这一共同政治基础，两会的联系协商机制才可以得到延续。

　　《人民政协报·两岸经合周刊》记者：台湾方面推动

"公投法修正案"，原打算将"领土变更"列入其中，有舆论认为，如果这样，将是台湾当局从隐性"台独"转向"明独"迈出的实质性一步，请问发言人做何评价？

安峰山： 对于任何形式的分裂国家的言行，两岸同胞都应该保持高度警惕。我们坚决反对任何人、任何组织、任何政党在任何时候以任何方式把任何一块中国的领土从中国分裂出去。

安峰山： 再过几天，2016 年就将划上句点，我们将迎来崭新的 2017。过去一年，台湾局势发生了重大变化，两岸关系再次乌云笼罩，两岸和平发展的局面和成果也都受到了严重冲击。尽管如此，正如张志军主任在 12 月 23 日举行的国共两党对话交流活动致辞中所讲的那样，尽管两岸关系遭遇波折，遇到新的困难和风险，但是希望仍在，未来可期。只要两岸同胞能认清大势，团结一致，坚持两岸关系和平发展的正确方向，笼罩在台海上空的"乌云"终有云开雾散的时候。正如雪莱的诗中写道："冬天如果来了，春天还会远吗？"

安峰山： 借此机会，再次向各位媒体朋友一年来为两岸关系发展的奔波、辛劳表示感谢！祝福大家，也祝福两岸同胞，新的一年万事如意，幸福平安，我们明年再会。